어카운팅,
내 안의 회계 본능을 깨워라

어카운팅, 내 안의 회계 본능을 깨워라

초판 펴낸 날 2022년 11월 25일

지은이 | 김철수
펴낸이 | 김삼수 편집 | 김소라 디자인 | 권대흥
펴낸곳 | 아모르문디 등록 | 제313-2005-00087호
주소 | 서울시 마포구 월드컵북로5길 56 401호
전화 | 0505-306-3336 팩스 | 0505-303-3334
이메일 | amormundi1@daum.net

ISBN 979-11-91040-25-8 03320

어카운팅, 내 안의 회계 본능을 깨워라

김철수 지음

아모르문디

차례

프롤로그

"성공하고자 하는 사람은 훌륭한 회계인이 되어 모든 거래를 체계적인 방법으로 기록해야 한다." — 루카 파촐리(1447년경~1517년)

이스라엘 히브리 대학에서 역사학을 가르치고 있는 유발 하라리 교수는 『사피엔스』라는 책에서 이렇게 이야기합니다. "농업혁명의 뒤를 이어 복잡한 사회가 등장하면서 수입과 재산, 세금 등 많은 숫자를 다루어야만 했다. 그래서 저장능력에 한계를 가진 인간의 뇌를 능가하는 기술이 필요하였다. 결국 머리 좋은 수메르인들이 문자와 숫자를 발명하였다."

실제로 메소포타미아 수메르 문명의 발상지인 이라크의 우르 신전에서는 기원전 3천 년경 만들어진 인류 최초의 문자 기록물이 발견되었습니다. 이 점토판에는 사람의 이름으로 추정되는 "쿠심"이라는 글자와 "2만 9,086개의 보릿자루", "37개월" 같은 단어들이 함께 기록되어 있었습니다. 아마도 "37개월에 걸쳐 보리 29,086자루를 받았다, 서명자 쿠심"이라는 의미일 것으로 추정합니다. 유발 하라리는 이를 두고 "아 슬프다, 역사상 최초의 문서에 담긴 것이 철학적 통찰도, 시도, 전설도, 왕의 승리도 아니었다니. 세금 지불액과 쌓이는 빚의 액수와 재산의 소유권을 기록한 경제 문서였다니"라고 안타까운 듯 표현했습니다. 공인회계사인 저로서는 이것이 왜 안타까워해야 할 일인지 선뜻 동의하기 어렵지만, 어찌 됐든 인류가 문자로 처음 기록한 내용은 철학, 문학, 종교, 법률, 서사시가 아닌 회계였습니다.

여기에서 아주 중요한 사실 하나를 유추해볼 수 있습니다. 바로 회계 본능, 다시 말해 숫자를 이해하고 사용하는 본능이 우리 인류에게 내재해 있다는 사실입니다. 인류는 복잡한 경제생활을 해야 하는 상황에 직면하자 숫자를 발명했고, 회계와 복식부기라는 체계적인 방식을 통해 경제를 발전시키며 번영을 이루어냈습니다. 그런데 안타깝게도 많은 현대인들은 자신이 가진 '회계 본능'을 인지하지 못한 채, 회계란 나와는 무관한 저 먼 나라의 언어라고 여깁니다. 하지만 회계 본능을 깨치지 않는다면 성공이야말로 먼 나라 일입니다. 세계적으로 유명한 부자들은 모두 자신의 회계 본능을 깨우고 성공한 이들입니다. 워런 버핏이나 일본항공의 전 회장인 이나모리 가즈오 등 그 사례는 셀 수 없이 많습니다. 복식부기를 집대성한 르네상스인 루카 파촐리도 "성공하고자 하는 사람은 훌륭한 회계인이 되어야 한다"고 했습니다.

『어카운팅, 내 안의 회계 본능을 깨워라』는 회계에 막연한 두려움을 갖고 있는 직장인, 사업자, 투자자, 수험생 등 우리 안에 잠들어 있는 회계 본능을 깨워주는 책입니다. 일상생활에서 익숙한 뉴스, 영화, 만화 등을 통해 회계를 이야기하기 때문에 지하철에서, 소파에 앉아서, 침대에 누워서 언제든 편안하게 읽을 수 있습니다. 그래도 어렵다고 느껴진다면, 사랑하는 사람의 머리를 쓰담쓰담하듯 찬찬히 한 장 한 장 책장을 넘겨보시기 바랍니다. 그러다 보면 어느새 독자 분들도 회계를 알 것 같은 자신감을 얻게 될 것입니다.

즐거운 회계 본능과 함께, 독자 여러분의 앞날에 무한한 행복이 함께하기를 기원합니다.

용인 청명산 자락에서
공인회계사 김철수

1장

기본 개념 따라잡기

01
차변과 대변

사악한 슈프림 리더, 스노크의 퍼스트 오더 군대가 평화롭던 공화국을 무너뜨렸고, 이젠 은하계 전체를 노리고 있다. 레아 오가나 장군이 이끄는 저항군은 루크 스카이워커를 찾기 위해 젊은 여성, 레이를 급히 보낸다. 저항군은 마지막 제다이인 루크 스카이워커가 돌아와 악의 세력을 물리쳐주길 바라고 있다. 하지만 퍼스트 오더 함대가 몰려오자 저항군은 필사의 탈출을 감행한다. — 《스타워즈: 라스트 제다이》(2017) 프롤로그

드라마나 영화에서 앞으로 전개될 이야기를 설명하는 첫머리를 프롤로그라고 합니다. '스타워즈' 시리즈의 첫 장면에서 머나먼 우주를

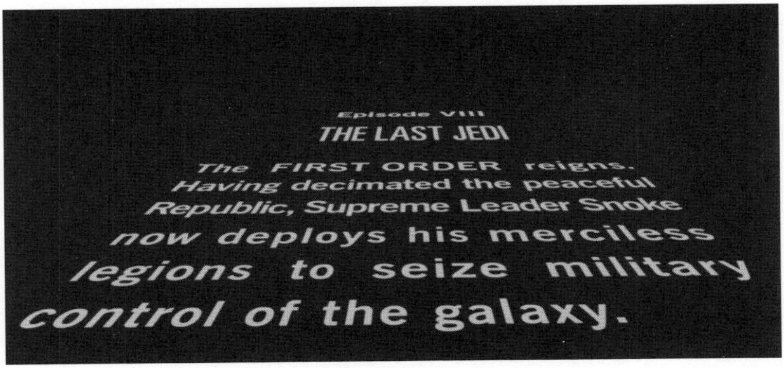

《스타워즈: 라스트 제다이》의 프롤로그

배경으로 노란색 영어 문장들이 길게 흘러가는 장면을 기억하시는지요? 문장들은 아래에서 위로 아주 빠르게 멀어집니다. "퍼스트 오더 군대가 평화롭던 공화국을 무너뜨렸고, 이젠 은하계 전체를 노리고 있다." 2017년 개봉된 《스타워즈: 라스트 제다이》의 프롤로그입니다. 잠시 눈을 감고 이 장면을 떠올려보세요.

프롤로그는 작가가 관객들에게 이야기를 들려주면서 설정한 전제입니다. 영화와 드라마 등 모든 이야기는 프롤로그에서 시작됩니다. 프롤로그에 별도의 설명이나 질문은 필요하지 않습니다. 관객은 프롤로그를 받아들이면 됩니다.

복식부기에도 존재의 유래를 설명하기 어려운 전제가 있습니다. 이탈리아의 수사이자 수학자인 루카 파촐리(Luca Pacioli)가 1494년 저술한 《산술, 기하, 비율 및 비례 총람》에서 언급한 '차변', '대변', 그리고 '복식부기' 등이 바로 그것입니다. 차변, 대변, 복식부기는 회계라는 이야기를 시작하는 전제이고 배경입니다. 회계는 차변과 대변, 그리고 이 둘로 이루어진 복식부기에서 시작됩니다.

차변과 대변

우리는 돈을 지갑에 보관합니다. 회사는 돈을 금고에 보관합니다. 그렇다면 회계에서도 들어온 돈을 보관하는 장소가 있을까요? 회계에서는 돈이라는 표현 대신 현금이라고 하니 질문을 이렇게 바꾸겠습니다. 회계에서도 들어온 현금을 보관하는 장소가 있을까요? 네, 있습니다. 현금이 들어오면 '차변(借邊)'이라는 장소에 현금을 보관합니다. 차변은 현금을 보관하는 지갑, 금고와 같은 것입니다.

차변의 '차'는 '돈을 빌려오다'라는 뜻입니다. 돈을 빌려오면 현금이 생깁니다. 그래서 들어오는 현금을 보관하는 장소를 차변이라고 하는 것입니다. 차변을 영어로는 '현금을 빌려온 사람'을 뜻하는 Debtor(Dr.)라고 합니다. 장소가 아닌 사람을 뜻하는 용어를 사용했다는 점이 한자어 차변과 다를 뿐 현금을 보관한다는 의미는 비슷합니다.

차변에 보관하던 현금이 회사 밖으로 나갈 때는 '대변(貸邊)'이라는 장소를 거쳐 나갑니다. 대변의 대는 '돈을 빌려주다'라는 뜻입니다. 차변의 차와는 반대말입니다. 그래서 현금이 나갈 때 거치는 장소를 차변과 반대되는 의미를 지닌 대변이라고 부릅니다. 대변을 영어로는 현금을 빌려주는 사람을 뜻하는 Creditor(Cr.)라고 합니다. 차변의 경우와 마찬가지로 장소가 아닌 사람을 뜻하는 용어를 사용했다는 점이 다를 뿐 현금이 나간다는 의미는 유사합니다.

복식부기

현금이 들어오거나 나가는 거래가 발생하면 차변과 대변에 각각 회계처리가 이루어지도록 장부를 기록하는 방식을 복식부기라고 합니다. 복식부기에서 복식은 두 개, 곧 차변과 대변을 의미합니다. 부기는 '장부를 기록하다'는 뜻입니다.

'장부를 기록하다'를 복식부기에서는 '분개(分介)하다'라고 표현하기도 합니다. 화를 낸다는 뜻이 아닙니다. 분개에서 '분'은 '나누다'라는 뜻입니다. 분개는 차변과 대변으로 나누는 '회계처리'를 의미합니다.

차변과 대변은 각자의 자리가 정해져 있습니다. 차변은 언제나 왼쪽, 대변은 언제나 오른쪽에 배치합니다.

〈표〉 복식부기

차변	대변
***	***

회계의 프롤로그

이제 회계의 프롤로그를 완성합시다. 우리 각자가 주인공인 영화 '회계'의 시작 장면에 흘러나오는 자막은 이렇습니다.

*"회계처리는 차변과 대변으로 이루어진
복식부기 방식으로 한다."*

〈핵심 정리〉 차변, 대변, 복식부기

<table>
<tr><th>구분</th><th>내용</th></tr>
<tr><td>차변</td><td>현금을 보관하는 장소
한자로 借邊
영어로 Debtor(Dr.)
왼쪽에 배치</td></tr>
<tr><td>대변</td><td>현금이 나가는 장소
한자로 貸邊
영어로 Creditor(Cr.)
오른쪽에 배치</td></tr>
<tr><td>복식부기</td><td><table><tr><th colspan="2">차변</th><th colspan="2">대변</th></tr><tr><td>A</td><td>***</td><td>B</td><td>***</td></tr></table></td></tr>
</table>

재미있는 회계 상식

회계와 경영

일반적으로 회계는 '기업회계'와 '비영리회계'로 구분합니다. 이렇게 회계를 구분하는 이유는 회계 앞에 붙은 '기업'과 '비영리'라는 용어에서 유추할 수 있습니다. 기업회계는 이익을 추구하는 기업에서, 비영리회계는 공익이나 자선 활동을 하는 단체와 같은 비영리법인이나 정부에서 사용하는 회계입니다.

기업회계는 재무회계, 원가회계, 법인세회계, 관리회계로 세분합니다. 재무회계는 기업의 재무상태와 경영성과를 집계하여 보여주는 회계입니다. 재무회계는 원가회계, 법인세회계, 관리회계 등 다른 회계 분야의 기초가 되므로 더욱 중요하게 다루어야 하는 분야입니다. 원가회계는 생산한 제품의 원가를 계산하는 회계입니다. 법인세회계는 법인세액을 계산하는 회계입니다. 관리회계는 특정한 의사결정을 위한 정보를 제공하는 회계입니다.

기업회계의 종류와 목적

회계에서는 경영을 '영업활동', '투자활동', '재무활동'으로 구분합니다. 회사 경영의 대부분은 영업활동입니다. 투자활동과 재무활동은 영업활동을 지원합니다.

영업활동은 회사가 존립하고 성장하는 데 필요한 기본적이고 일상적이며 반복적인 활동입니다. 영업활동은 그 내용에 따라 연구·개발, 구매, 제조, 마케팅, 판매, 사후관리(A/S), 회계, 인사 등으로 구분할 수 있습니다.

회사는 영업활동 이외에 건물, 기계장치, 유가증권을 사기도 하고 팔기도 합니다. 때로는 사무실을 빌리기도 합니다. 이런 활동을 투자활동이라고 합니다. 또한 회사는 주식을 발행하기도 하고 은행으로부터 돈을 빌리기도 합니다. 이러한 활동을 재무활동이라고 합니다.

〈표〉 회사 경영의 구분

구분	주요 내용
영업활동	연구·개발, 구매, 제조, 마케팅, 판매, 사후관리(A/S), 회계, 인사
투자활동	유가증권, 건물, 기계장치 등의 취득·처분
재무활동	차입, 주식 발행 등 자본 조달

02
복식부기

> 배드민턴 혼합복식에서 이효정과 짝을 이뤄 12년 만에 대한민국에 금메달을 안긴 이용대. 그는 세계 랭킹 1위 인도네시아 팀을 2대 0으로 꺾고 금메달을 확정지은 순간 카메라를 향해 깜찍한 윙크를 날려 화제를 모았다. 가수 이승기를 닮은 수려한 외모로 금메달 수상 전부터 눈길을 끌었던 그의 윙크를 받은 인물은 그의 어머니였다.
>
> —《여성동아》, 2008.9.17.

이용대 선수는 2008년 베이징 올림픽 때 배드민턴 종목에서 금메달을 목에 걸며 우리나라에 배드민턴 열풍을 불러일으킨 국가대표였습니다. 그는 이효정 선수와 한 팀이 되어 혼합복식에서 금메달을 땄습니다. '복식'이라고 하면 무엇이 떠오르시나요? 호흡? 의상? 그래도 가장 익숙한 것은 스포츠에서 두 명이 한 조가 되어 겨루는 경기 방식입니다. 복식 경기는 배드민턴, 테니스, 탁구 등 구기 종목에서 주로 볼 수 있습니다. 이용대 선수가 이효정 선수와 환상의 조합을 이루어 올림픽 배드민턴 혼합복식 경기에서 금메달을 딴 것처럼 복식 경기에서 무엇보다 중요한 것은 서로 간의 호흡입니다. 회계에서도 차변과 대변이 호흡을 맞추며 복식부기를 완성합니다. 그러고 보니 회계에서 사용하는 복식(複式)의 한자도 스포츠에서 사용하는 복식과 동일합니다.

복식부기

복식부기는 왼쪽의 차변과 오른쪽의 대변으로 이루어집니다. 복식부기에서는 현금이 회사로 들어오면 차변에 현금을 기입하고 대변에 현금 수입의 원인을 기입합니다. 반대로 현금이 회사 밖으로 나가면 대변에 현금을 기입하고 차변에는 현금 지출의 목적을 기입합니다.

복식부기의 이해: 사례 1

A가 사업을 시작했습니다. 그런데 A에게는 돈이 없었습니다. 그래서 A는 B로부터 현금을 빌려왔습니다. 그래서 A에게 현금이 생겼습니다. 이에 A는 다음과 같이 차변에 '현금 100원', 대변에 'B에게서 빌려옴 100원'이라고 현금을 생기게 된 원인을 금액과 함께 기록합니다. 이는 '현금이 100원 증가했습니다. B로부터 빌려왔기 때문입니다'라고 해석할 수 있습니다.

〈회계처리〉 복식부기의 이해 - A의 경우

차변		대변	
현금	100	B에게서 빌려옴	100

B의 입장에서도 생각해봅시다. B는 A에게 현금을 빌려주었습니다. 그러면 B가 가지고 있던 현금이 감소합니다. 이에 B는 다음과 같이 대변에 '현금 100원', 차변에 'A에게 빌려줌 100원'이라고 금액과 함께 기록합니다. 이는 '현금이 100원 줄었습니다. A에게 빌려주었기 때문입니다'라고 해석할 수 있습니다.

〈회계처리〉 복식부기의 이해 - B의 경우

차변		대변	
A에게 빌려줌	100	현금	100

위 사례에서 알 수 있듯이 복식부기에서는 한 번의 거래에 대하여 차변과 대변에 각각 회계처리를 합니다. 그리고 복식부기에서는 차변과 대변 어느 한쪽에 들어오거나 나가는 현금을 기록하고 다른 한쪽에 현금이 들어오거나 나가는 원인·목적을 기록합니다. 차변에 원인·목적이 올 수도 있고 반대로 대변에 원인·목적이 올 수도 있습니다. 모든 복식부기 회계처리가 이렇다고 할 수는 없지만 대부분 그렇다고 생각해도 괜찮습니다.

복식부기의 이해: 사례 2

집을 1억 원에 구입했다면 복식부기에서는 다음과 같이 '(차변) 집 1억 원, (대변) 현금 1억 원'으로 회계처리 합니다. 이 회계처리는 집을 사기 위해 현금 1억 원을 지출했음을 보여줍니다.

〈회계처리〉 복식부기의 이해

차변		대변	
집(목적)	1억 원	현금	1억 원

재미있는 회계 상식

복식부기의 '매너'

국제회의를 마치고 디너파티에 초대받았다고 가정해봅시다. 호텔 볼룸에 도착하여 자신의 이름이 놓인 라운드 테이블 앞에 앉았습니다. 그런데 왼쪽과 오른쪽 모두에 물 잔이 놓여 있는 게 아닙니까? 어떤 쪽 물 잔이 나의 것일까요? 정답은 '좌빵 우물'입니다. 빵은 왼쪽, 물 잔은 오른쪽에 놓인 것이 나의 것입니다. 남의 빵과 물에 손대지 않는 '좌빵 우물'의 매너는 글로벌 비즈니스의 에티켓 중 하나입니다. 이런 표현은 외워두면 좋습니다. 더불어 차변은 왼쪽, 대변은 오른쪽이라는 '좌차 우대'의 매너도 함께 외워두시길 바랍니다.

03
발생주의

> 서울시장 보궐선거에 출마한 여당 후보와 야권 후보는 10일 밤 SBS를 통해 방송된 '특집, 서울시장 후보 토론'에 출연, 서울시의 부채가 늘어난 배경에 대해 상당한 인식차를 드러냈다. 특히 두 후보는 서울시 부채 계산 방식을 두고 한 후보는 단식부기, 다른 후보는 복식부기를 주장하며 대립각을 세우기도 했다. —《뉴스원》, 2011.10.10.

서울시장 보궐선거에 출마한 두 후보의 TV토론에서 서울시 부채 규모를 두고 논쟁이 벌어졌습니다. 당시 언론은 한 후보는 복식부기 방식으로, 다른 후보는 단식부기 방식으로 서울시 부채를 계산해야 한다고 주장하며 대립각을 세웠다고 보도하였습니다.

하지만 부채 규모를 산정할 때 '복식부기에 따를 것이냐, 단식부기에 따를 것이냐'로 논쟁한다는 것은 엄밀한 의미에서 정확한 표현은 아닙니다. 복식부기, 단식부기의 구분은 회계처리를 할 때 두 칸에 기입할 것이냐 아니면 한 칸에 기입할 것이냐의 문제이기 때문입니다.

복식부기는 발생주의를, 단식부기는 현금주의를 채택합니다. 이 때문에 복식부기는 발생주의와, 단식부기는 현금주의와 동일시하는 경우가 많습니다. 위 언론 보도는 '현금주의냐, 발생주의냐'의 문제를 '단식부기냐, 복식부기냐'의 문제로 표현한 것입니다. 이날 두 후보 토론의 정확한 쟁점은 '서울시의 부채를 발생주의 방식으로 산정할 것이냐 아니면 현금주의 방식으로 산정할 것이냐'가 맞습니다.

언제 회계처리를 할 것인가?

모든 것에는 때가 있습니다. 전쟁에서 공격의 때를 놓쳐 역사가 크게 뒤바뀐 경우도 많습니다. 제2차 세계대전에서 독일군이 실기하여 결국 패전에 이르게 된 사례도 그중 하나입니다. 프랑스에서 있었던 일입니다. 당시 영국 등 연합군은 독일군을 피해 덩케르크 항구에 모여 있었습니다. 그런데 독일군은 이상하게도 구석에 몰린 연합군을 공격하지 않았습니다. 연합군은 독일군의 방관 속에서 덩게르크를 탈출할 수 있었고 결국 제2차 세계대전에서 승리하였습니다.

회계에도 때와 관련해 중요한 주제가 있습니다. 바로 '언제 회계처리를 하는가'입니다.

발생주의

발생주의에서는 현금이 들어오거나 나가는 것은 물론이고 미래에 현금이 들어오거나 나갈 가능성이 높을 때도 회계처리를 합니다. 그리고 발생주의는 복식부기를 채택합니다. 따라서 복식부기에서도 현금 수입과 현금 지출이 아직 발생하지 않았더라도 현금 수입과 현금 지출이 예상되면 회계처리를 합니다.

현금주의

현금주의에서는 언제 회계처리를 할까요? 현금이라는 단어를 생각하면 됩니다. 현금주의에서는 현금이 들어오거나 현금이 나갈 때만 회계처리합니다. 그리고 현금주의는 단식부기를 채택합니다. 따라서 단식부기에서도 현금이 들어오거나 나갈 때만 회계처리를 합니다. 이런 이유로 단식부기에서는 외상으로 물건을 판매하고 받아야 하는 현금, 즉 채권을 회계처리하지 않습니다. 마찬가지로 미래에 있을 현금의 지출도 회계처리하지 않습니다.

발생주의와 현금주의 비교: 사례 1

은행에서 1월 1일에 1천만 원의 현금을 연 10%의 이자율로 빌려오면서 이자는 매달 말에, 원금은 1년 후인 12월 31일에 갚기로 했습니다. 은행과 대출상담을 하고 관련 절차를 진행할 때는 발생주의나 현금주의나 모두 회계처리를 하지 않습니다. 현금이 들어오거나 나가지 않았고 미래에도 현금이 들어오거나 나갈 가능성이 없기 때문입니다. 상담 과정이 모두 마무리되고 대출이 실행되어 현금이 들어오면 발생주의나 현금주의나 모두 회계처리를 합니다. 아직은 발생주의와 현금주의의 차이는 없습니다. 발생주의와 현금주의의 차이는 '이자의 회계처리를 언제 하느냐'에서 발생합니다.

현금을 빌려온 후 발생하는 이자는 하루 2,740원(=10,000,000원×10%×1/365), 15일이 지나면 41,100원(=2,740×15일), 31일이 지나면 84,940원(=2,740×31일)이 됩니다. 현금주의를 채택하면 현금으로 이자를 지급하는 매달 말에 회계처리합니다. 하지만 발생주의를 채택하면 이자를 지급하기 전이라도 현금을 빌린 날부터 회계처리합니다. 현금을 빌리자마자 이자를 지급해야 하는 의무가 발생하기 때문입니다.

그렇다면 현금을 빌려온 지 15일째가 되는 날인 1월 15일에 장부에 표시된 총 부채는 얼마일까요? 현금주의를 채택하면 차입한 원금 1천만 원이 전부입니다. 그동안 회계처리한 부채가 차입한 원금 1천만 원 외에는 없었기 때문입니다. 발생주의에서는 총 부채가 좀 더 커집니다. 차입한 원금 외에 15일까지 발생한 이자 41,100원도 회계처리하기 때문입니다.

발생주의와 현금주의 비교: 사례 2

세무서로부터 이번 달 초에 1천 원의 세금을 월말까지 납부하라는 청구서를 받았습니다. 현금주의에서는 세금을 납부할 때까지 아무런 회계처리를 하지 않습니다. 반면 발생주의에서는 청구서를 받았을 때 이를 회계처리합니다. 세금을 납부할 의무가 청구서를 받았을 때부터 발생했기 때문입니다.

〈표〉 현금주의와 발생주의 비교

사건	현금주의	발생주의
세무서로부터 세금 1천 원 납부 청구서를 받음	회계처리 없음	(차변) 세금 1천 원 (대변) 지급해야 할 세금 1천 원
세금 1천 원을 세무서에 납부함	세금 -1천 원	(차변) 지급해야 할 세금 1천 원 (대변) 현금 1천 원

발생주의와 현금주의 비교: 사례 3

A가 자신의 물건을 1만 원에 B에게 판매하는 계약을 체결했습니다. A는 이 물건을 01년 12월 31일 건네주었고 현금은 아직 받지 못했습니다. 그렇다면 A는 01년 12월 31일에 회계처리할 게 있을까요? 현금주의에서는 들어온 현금이 없으므로 회계처리하지 않습니다. 하지만 발생주의에서는 회계처리를 합니다. 01년 12월 31일에 물건을 건네주고 현금을 받을 권리가 생겼기 때문입니다. A는 차변에 '현금 받을 권리 1만 원'이라고 회계처리 합니다. 물건을 건네주었으므로 아직 현금이 들어오지 않았더라도 현금이 들어와야 함을 나타내는 '현금 받을 권리'를 기록할 필요가 있기 때문입니다.

〈회계처리〉 발생주의의 회계처리

차변		대변	
계정	금액	계정	금액
현금 받을 권리	1만 원	물건	1만 원

〈핵심 정리〉 발생주의와 현금주의의 의의

구분	발생주의	현금주의
의의	현금이 들어오거나 나가기 전이라도 미래에 현금이 들어오거나 나갈 가능성이 높을 때 회계처리	현금이 들어오거나 현금이 나갈 때 회계처리
장점	특정 시점의 권리·의무, 특정 기간의 성과 파악 용이	회계처리가 간단함

재미있는 회계 상식

루카 파촐리와 복식부기

레오나르도 다빈치의 동시대인인 루카 파촐리는 1494년 600여 쪽에 이르는 방대한 분량의 《산술, 기하, 비율 및 비례 총람》이라는 책을 저술했습니다. 이 책에는 당시 동방, 베네치아, 피렌체 상인들이 사용하던 복식부기 방식이 27쪽에 걸쳐 정리되어 있습니다.

이 책은 다른 유럽 국가들에 빠르게 전해졌고 유럽의 많은 회사들은 루카 파촐리의 복식부기 방식에 따라 매일 얼마의 돈이 들어오고 얼마의 돈이 어떤 용도나 목적으로 나가는지를 기록했습니다. 그리고 1년마다 재고조사를 실시하여 1년 동안 번 돈을 집계하고 손익계산서와 재무상태표를 작성했습니다.

04
수익, 비용, 자산, 부채, 자본

슈퍼 슈퍼 슈퍼 슈퍼 우렁찬 엔진 소리 독수리 5형제 ~
처부수자 알렉터 우주의 악마를 불새가 되어서 싸우는 우리 형제
태양이 빛나는 지구를 지켜라 정의의 특공대 독수리 5형제
초록빛 대지의 지구를 지켜라 하늘을 날으는 독수리 5형제
—《독수리 5형제》 주제곡 중에서

《독수리 5형제》는 일본에서 제작된 만화영화입니다. 1979년 우리나라에 처음 소개되었고 1990년에 다시 방영되었습니다. 만화에서 독수리 5형제는 지구를 침략하는 무리를 멋지게 무찌르고 지구를 지켜냈습니다. 지구에 독수리 5형제가 있다면, 회계에는 '계정 5형제'가 있습니다. 계정 5형제는 수익, 비용, 자산, 부채, 자본입니다.

복식부기에서 계정의 역할

복식부기에서 현금은 차변으로 들어옵니다. 현금이 차변으로 들어올 때 대변에도 무언가 들어와주어야 합니다. 대변을 채우는 이 무언가가 계정 5형제입니다. 마찬가지로 복식부기에서 현금은 대변을 통해 나갑니다. 현금이 대변으로 나갈 때 차변에 무언가 들어와주어야 합니다. 차변을 채우는 무언가도 바로 계정 5형제입니다.

수익

'수익'은 회사가 경영을 하면서 외부로부터 벌어들인 현금입니다. 대표적인 예로는 자기 소유의 물건을 팔아 벌어들인 현금인 매출액이 있습니다. 비교하여 은행에서 빌려온 차입금은 수익이 아닙니다. 차입금은 은행으로 다시 나가야 할 현금이기 때문입니다.

매출액과 같은 수익이 발생하면 현금이 들어옵니다. 복식부기에서 회사로 들어온 현금은 차변에 기록합니다. 그렇다면 발생한 수익은 대변에 기록해야겠죠? 그렇습니다, 수익의 발생은 대변에 기록합니다.

〈회계처리〉 수익의 발생

차변		대변	
계정	금액	계정	금액
현금	***	수익	***

비용

'비용'은 수익을 얻기 위해 지출한 현금입니다. 사무실을 빌린 대가로 지불한 임차료는 비용일까요? 네, 비용입니다. 임차료는 돈을 벌기 위해 지출한 회사의 현금이기 때문입니다. 비교하여 은행에서 빌린 돈을 상환하는 현금은 어떨까요? 이는 비용이 아닙니다. 은행에 상환하는 현금은 처음부터 회사의 현금이 아니었고 수익을 얻기 위해 지출하는 것도 아니기 때문입니다.

임차료와 같은 비용이 발생하면 현금이 외부로 나갑니다. 복식부기에서 회사 밖으로 나가는 현금은 대변에 기록합니다. 그렇다면 발생한 비용은요? 그렇습니다. 비용의 발생은 차변에 기록합니다.

〈회계처리〉 비용의 발생

차변		대변	
계정	금액	계정	금액
비용	***	현금	***

자산

일상생활에서 재산은 가치 있는 물건을 뜻합니다. 회계에서는 재산 대신 '자산'이라는 용어를 사용합니다. 더 정확히 말하면 자산은 '미래에 현금을 벌어들일 수 있는 무엇'입니다. 예를 들어 되팔기 위해 도매상으로부터 구입한 상품은 자산입니다. 고객에게 상품을 팔아 현금을 벌어들일 수 있기 때문입니다. 회사가 소유한 건물도 자산입니다. 건물은 장기적으로 쓸 수 있고, 사무실, 공장 등으로 현금을 벌어들이는 데 사용되며, 되팔아 현금을 확보할 수도 있습니다.

상품, 건물과 같은 자산이 증가하면 현금이 회사 밖으로 나갑니다.

회사 밖으로 나가는 현금은 대변에 기록합니다. 그렇다면 자산의 증가는요? 그렇습니다. 자산의 증가는 차변에 기록합니다.

〈회계처리〉 자산의 증가

차변		대변	
계정	금액	계정	금액
자산	***	현금	***

부채

미래에 회사 밖으로 나가야 하는 현금을 회계에서는 부채라고 합니다. 은행에서 빌려 온 차입금이 대표적입니다. 그리고 물건을 사고 아직 지급하지 아니한 외상대금도 부채입니다.

차입금과 같은 부채가 증가하면 현금이 회사로 들어옵니다. 회사로 들어온 현금은 차변에 기록합니다. 그렇다면 부채의 증가는요? 그렇습니다. 부채의 증가는 대변에 기록합니다.

〈회계처리〉 부채의 증가

차변		대변	
계정	금액	계정	금액
현금	***	부채	***

자본

회사가 발행한 주식을 사람들이 매입하면 회사에 현금이 들어옵니다. 이렇게 주식 발행을 통해 회사에 들어온 현금을 '자본금'이라고 합니다. 자본금은 차입금과 달리 상환해야 할 의무가 없습니다. 그래서 자본금은 부채가 아닌 '자본'으로 분류합니다.

자본금과 같은 자본이 증가하면 현금이 회사로 들어옵니다. 회사로 들어온 현금은 차변에 기록합니다. 그렇다면 자본의 증가는요? 그렇습니다. 자본의 증가는 대변에 기록합니다.

〈회계처리〉 자본의 증가

차변		대변	
계정	금액	계정	금액
현금	***	자본	***

한편 자본은 자산에서 부채를 빼서 계산하기도 합니다. 이를 계산식으로 표현하면 '자본=자산−부채'입니다. 이를 회계등식이라고 합니다. 이는 '자산=자본+부채'로 표현할 수도 있습니다. 회계등식에 따르면 자산은 부채와 자본의 합계이고, 자본은 자산에서 부채를 빼서 계산합니다. 그래서 자본을 '순자산'이라고도 합니다.

① 자산 = 부채 + 자본

② 자본 = 자본금 + 이익 + 기타의 자본

손익거래, 자본거래

현금이 지급되거나 수입되는 것들, 이들을 통칭하여 회계에서는

'거래'라고 합니다. 그리고 거래 가운데 영업활동에서 발생한 것을 '손익거래'라고 합니다. 손익거래 이외의 거래는 '자본거래'라고 합니다. 자본거래는 투자활동과 재무활동에서 발생한 거래입니다.

회계에서는 거래를 이와 같이 손익거래와 자본거래로 구분하고 회사의 이익을 계산할 때 손익거래만을 반영합니다. 예를 들어 회사가 10억 원을 은행으로부터 차입하였습니다. 이익을 계산할 때 차입한 10억 원을 '+10억 원'이라고 반영하는 게 맞을까요? 그렇지 않습니다. 10억 원은 은행에서 빌려온 돈으로 회사의 돈이 아닙니다. 미래에 상환해야 할 돈입니다. 그래서 회사의 이익에 반영하지 않습니다. 정리하면 현금을 차입하거나 자산을 취득하는 등의 자본거래는 이익을 계산할 때 반영하지 않습니다.

수익, 비용, 자산, 부채, 자본 등 5개 계정 중 수익·비용은 손익거래를 회계처리하는 데 사용되어 손익계정, 자산·부채·자본은 자본거래를 회계처리하는 데 사용되어 자본계정으로 구분하기도 합니다.

〈표〉 거래와 계정

구분	해당 계정
손익 거래	수익, 비용
자본 거래	자산, 부채, 자본

계정과목

계정을 세분하면 계정과목이 나옵니다. 계정과목은 지출한 현금의 성격 또는 목적에 따라 계정을 더 자세히 나눈 것입니다. 기본적으로 계정과목은 사용하는 사람이 마음대로 정할 수 있습니다. 하지만 같은 내용을 두고 이 사람, 저 사람 각각 다른 계정과목을 사용하면 혼란을 초래할 수 있어 자주 쓰이는 회계처리 대상에 대해서는 회계기준이 정한 계정과목을 공통적으로 사용합니다.

〈핵심 정리〉 수익, 비용, 자산, 부채, 자본

구분	의미	대표적인 예시
수익	영원한 회사 소유의 현금	매출액
비용	수익을 얻기 위해 지출하는 현금	매출원가
자산	미래에 현금을 가져올 수 있는 무엇	상품
부채	미래에 현금을 내보내야 하는 무엇	차입금
자본	자산에서 부채를 차감한 금액	자본금

〈핵심 정리〉 현금을 기준으로 한 복식부기 회계처리

<table>
<tr><th>차변</th><th>대변</th><th>대표 예시</th></tr>
<tr><td rowspan="4">현금의 증가
(현금의 수입)</td><td>자산의 감소</td><td rowspan="4">보유하던 자산을 처분하여
현금이 들어옴</td></tr>
<tr><td>부채의 증가</td></tr>
<tr><td>자본의 증가</td></tr>
<tr><td>수익의 발생</td></tr>
<tr><td>자산의 증가</td><td rowspan="4">현금의 감소
(현금의 지출)</td><td rowspan="4">자산을 취득하기 위해
현금을 지출함</td></tr>
<tr><td>부채의 감소</td></tr>
<tr><td>자본의 감소</td></tr>
<tr><td>비용의 발생</td></tr>
</table>

자산, 부채의 유형

사람들은 현금주의가 아닌 발생주의 회계를 선택했습니다. 이에 따라 외상 판매처럼 현금이 아직 들어오지 아니한 상태에서도 현금을 받을 권리가 생긴 시점에 수익을 회계처리해야 하는 경우가 발생했습니다. 사람들은 대변에 오는 수익에 대응하여, 차변에 오는 것을 무엇이라고 해야 할지 고민하기 시작했습니다. 그때 자산이라는 용어가 떠올랐습니다. 자산이라는 용어는 가치 있는 물건을 의미하기에 미래에 들어올 현금을 대신하여 잠시 사용할 수 있는 좋은 대안이 될 수 있었습니다.

부채도 마찬가지였습니다. 수돗물을 사용하고 아직 현금을 지급하지 아니한 경우처럼 아직 현금이 나가지 아니한 상태에서도 비용을 회계처리해야 할 상황이 발생했습니다. 사람들은 부채를 미래에 지급해야 할 현금을 의미하는 용어로 사용하기 시작했습니다. 부채는 나중에 갚아야 할 돈을 의미하기 때문입니다.

결국 자산은 지금 가지고 있는 현금, 내 돈으로 구입한 가치 있는 물건·재산, 미래에 현금을 받을 수 있는 권리라고 정리하였습니다. 또한 부채는 미래에 현금을 지급해야 하는 의무라고 결론짓게 되었습니다.

이와는 반대로 현금을 받았는데도 수익을 회계처리하지 않는 경우도 생기기 시작했습니다. 대표적인 사례가 계약금을 먼저 받고 물건은 나중에 건네주는 경우입니다. 이처럼 현금을 먼저 받고 물건을 아직 건네지 않았을 때는 받은 현금을 부채로 회계처리합니다. 물건을 건네주지 않으면 돈을 반환해야 하기 때문입니다.

〈표〉 자산과 부채의 유형 정리

자산의 4가지 유형	부채의 3가지 유형
첫째, 보유하고 있는 현금입니다. 회사 소유의 현금은 논란의 여지 없는 자산입니다. 둘째, 현금을 주고 구입한 건물과 같이 일정 기간에만 자산이고 결국에는 비용이 될 유형입니다. 셋째, 대여금과 같이 현금을 지출했지만 다시 현금으로 회수될 유형입니다. 넷째, 미래에 현금유입을 가져올 수익입니다.	첫째, 차입금과 같이 현금이 유입되었으나 그대로 미래에 현금으로 지급되어야 하는 유형입니다. 둘째, 미래에 현금유출을 가져올 비용입니다. 셋째, 계약금과 같이 현금이 유입되었으나 아직 수익이 아닌 유형입니다.

05
자산과 비용

연습생은 서럽다. 대형 기획사의 높은 문턱을 간신히 넘었지만 정식 데뷔까지는 혹독한 트레이닝을 거쳐야 한다. 아이돌로 데뷔하는 것도 장담할 수 없다. (…) 기획사는 연습생이 부담이다. 레슨비·숙소비 등 들어가는 비용 압박이 만만치 않다. (…)
에스엠엔터테인먼트와 와이지엔터테인먼트 등 3대 기획사에 소속된 연습생, 연예인의 회계 방식에 대해 알아봤다. 음악적 색깔만큼이나 회계처리 방식도 달랐다. 대개 연습생이 쓰는 돈은 '비용'으로, 아이돌이 쓰는 돈은 '자산(선급금)'으로 처리하고 있었다. 연습생이 일단 스타가 되면 대우가 확 달라진다. 회계적으론 비용에서 자산이 된다.
—《프레시안》, 2015.2.10.

'연습생이 비용인가? 자산인가?' 위 기사의 제목입니다. 사실 사람이 비용이나 자산일 수는 없습니다. 이는 SM엔터테인먼트 등 연예기획사에서 소속 연습생을 위해 지출하는 레슨비·숙소비 등을 비용으로 볼 것이냐, 자산으로 볼 것이냐 하는 질문입니다.

연예기획사는 연습생들을 위해 레슨비·숙소비 등으로 현금을 지출합니다. 연예기획사는 이 돈을 지출하면서 연습생들이 성공적으로 데뷔하고 스타가 되어 현금을 많이 벌어다주기를 바랍니다.

현금의 빈자리

연예기획사에서 레슨비·숙소비 등으로 현금을 지출하면 차변에 있던 현금이 대변으로 옮겨져 나가게 됩니다. 그러면 차변이 비게 되고 차변을 채울 무언가가 필요합니다. 자산, 부채, 수익, 비용이 그 자리를 놓고 다툽니다. 자본은 자신이 낄 자리가 아님을 아는 듯 멀찍이 떨어져 있습니다. 사실 자본이 등장하는 경우는 회계에서 별로 없습니다. 부채와 수익이 기웃거리다가 물러섭니다. 현금을 지출한 경우이기 때문에 부채와 수익이 끼어들 여지가 없습니다. 회사의 현금을 외부로 지출한 경우 차변을 채우게 될 계정항목은 대부분 자산 아니면 비용입니다.

경영 실적 보고

회사는 지난 1년 동안의 경영 실적을 이익의 형태로 주주 등에게 보고합니다. 이익은 1년 동안 벌어들인 수익에서 1년 동안 지출한 비용을 빼서 계산합니다. 이익이 크면 경영 실적이 좋은 것입니다.

이익이 크려면 수익이 크거나 비용이 적어야 합니다. 따라서 회사는 지출한 현금을 비용이 아닌 자산으로 회계처리를 하고 싶어 합니다.

자산, 비용의 구분 기준

셰익스피어의 그 유명한 희곡 《햄릿》에서 주인공 햄릿은 말합니다. "사느냐 죽느냐, 그것이 문제로다." 마찬가지로 현금을 지출한 회사는 외칩니다. "자산이냐 비용이냐, 그것이 문제로다." 회계에서 '자산이냐 비용이냐'의 문제는 회사가 1년 동안 얼마나 벌어들였는지를 보여주는 이익의 크기를 결정하는 아주 중요한 사안입니다.

그렇다면 회사에서 지출한 현금을 자산 또는 비용으로 구분하는 기준은 과연 무엇일까요? 물건을 만드는 제조업체에서 기계를 사는 결정을 내렸다고 가정합니다. 회사가 기계를 사기로 결정한 이유는 기계로 물건을 만들고 이를 팔아서 돈을 벌 수 있을 거라고 확신하기 때문입니다. 제조업체가 기계를 구입하는 것처럼 지금 쓰는 현금이 미래에 또 다른 현금을 벌어올 수 있다고 확신할 때 지출하는 그 현금은 자산이 됩니다. 그렇지 않고 지금 지출하는 현금이 미래에 또 다른 현금을 벌어올 수 있다고 확신할 수 없다면 비용이 됩니다.

이제 연습생들을 위해 지출한 레슨비·숙소비가 자산일지, 비용일지 생각해봅니다. 기사에서 언급한 대로 연습생이 데뷔하고 스타가 될 가능성은 '로또'에 가깝기에 연습생들이 미래에 연예기획사에 돈을 벌어다줄 가능성은 사실 적습니다. 따라서 연습생을 위한 레슨비·숙소비는 비용이 맞습니다. 미래에 연습생들이 현금을 벌어온다고 확신할 수 없기 때문입니다. 하지만 아이돌에게 쓰는 레슨비·숙소비는 다릅니다. 기사에도 '아이돌이 쓰는 현금은 자산으로 회계처리 한다'라고 쓰여 있습니다. 연습생에게 쓰는 현금은 비용이지만 아이돌에게 쓰는 현금은 자산입니다. 연예기획사는 아이돌을 위해 쓰는 레슨비·숙소비 등은 미래에 확실히 현금으로 되돌아올 것이라고 확신하고 있는 것입니다.

회계기준이 열거하는 자산의 종류

이러한 자산, 비용 구분의 기준을 바탕으로 회계기준은 자산의 종류를 구체적으로 열거하고 있습니다. 회계기준은 회계처리를 어떻게 할지를 구체적으로 정해 놓은 규정입니다. 회계기준이 정한 자산에는 현금, 예금, 매출채권, 미수금 등 금융자산, 회사에서 판매하기 위하여 매입하거나 제조한 제품·상품 등 재고자산, 물건, 토지·건물 등 부동산, 기계·자동차·비품 등 유형자산, 주식·채권 등 유가증권, 개

〈표〉 주요 자산의 종류

구분	내용
금융자산	현금, 예금, 매출채권, 미수금, 대여금, 주식, 채권 등 유가증권
재고자산	제조업체에서 제품을 제조하기 위해 지급한 원재료 매입대금, 근로자 인건비, 전력요금 등. 유통기업에서 매입한 상품
유형자산	토지, 건물 등 부동산, 기계, 자동차, 비품
무형자산	개발비, 특허권, 영업권
기타	보증금 등 되돌려받을 현금

발비·영업권 등 무형자산, 보증금 등이 있습니다. 이들 자산에 해당하지 않는 현금 지출은 비용으로 회계처리합니다.

〈표〉 물리적 형태에 따른 자산의 구분

구분	내용
물리적 형태가 있는 것	현금, 재고자산, 건물, 토지, 기계
물리적 형태가 없는 것	매출채권, 미수금, 대여금, 개발비, 영업권, 보증금

〈핵심 정리〉 지출하는 현금이 자산인지 비용인지 구분하는 기준

구분	내용
자산	미래에 또 다른 현금을 벌어들일 수 있다고 확신할 때
비용	미래에 또 다른 현금을 벌어들일 수 있다고 확신할 수 없을 때

재미있는 회계 상식

개성상인의 장부

1918년, 호주의 한 회계 관련 잡지에 다음과 같은 기사가 실렸습니다. "복식부기법을 누가 세계에서 처음으로 생각했을까? 그 누구도 한국이라고 생각하지 못했다. 그러나 지금 한국에 그 장부가 존재하고 있다."(제이컵 솔 지음, 《회계는 어떻게 역사를 지배해왔는가》, 메멘토, 2016, 432쪽)

우리나라에도 서양의 복식부기와 같은 장부기입 방법이 있었습니다. 고려시대 개성상인을 중심으로 사용하였던 '사개치부법'이라는 장부기입법입니다. 이 방법은 오늘날 사용하는 서양의 복식부기와 근본 원리가 같아 일찍부터 학계의 주목을 받아왔습니다. 사개치부법이 언제부터 있었는지는 정확히 알 수는 없습니다. 하지만 서양의

개성상인 박재도 집안의 '개성 복식부기 장부'(출처: 문화재청)

복식부기보다 200년 이상 앞서 개발되었다는 것이 정설입니다. 사개치부법은 1910년 일제강점 이전까지 민족자본으로 설립된 대한천일은행(大韓天一銀行) 등 금융기관에서 사용되었습니다.

한편 2014년 2월 문화재청은 '개성 복식부기 장부'를 근대문화유산으로 지정·등록하였습니다. 바로 개성상인 박재도 가문이 소장하고 있던 장부 14권입니다. 전체 1,294쪽 분량으로 1887년부터 1912년까지, 25년 동안 발생한 총 30만 건에 달하는 거래 내역이 적혀 있습니다. 이 장부에는 상세한 인삼 제조 과정과 판매 과정, 그리고 오늘날의 분개장, 총계정원장, 재무상태표, 손익계산서, 이익잉여금처분계산서와 유사한 내용이 복식부기 방식으로 유기적으로 기록되어 있습니다.

2장

재무제표를 읽자

06
재무상태표

김동식 과장: 자… 내가 (주)김동식이야. 알았지? 잘 들어봐.

김 과장은 온길에 오기 전 기준으로 자신의 총자산을 공개했다.

김동식 과장: 1억 5천짜리 전세 오피스텔인데 4천이 대출이야. 부채지. 빌려준 돈이 5백만 원 있는데… 하… 이거 받을 수 있을까… 받을 수 있어야 자산인데… 자본은 애매하네. 물론 지금 순수한 자본금은 있지만 처음 시작할 때 자본금은 0원이지. 우린 자본금 없이 태어나잖아(흙수저). 되려 부모의 빚을 물려받는 경우도 있고 말이지.…

장그래: 물려줄 유산이 많은 부모에게서 태어나면…

김동식 과장: 자본금 짱짱하게 갖고 태어나는 셈이네? 금수저!

장그래: 유무형의 재산이 자산이라면… 건강? 이런 것도 자산이겠죠?

김동식 과장: 건강, 지식 등등 자산이 되겠지. 요즘은 타고난 금수저들

이 건강도 좋고 많이 배우고… 훌쩍, 초중고+대학교+원인턴까지의 인큐베이팅 시기가 지난 후 (주)김동식의 자산은 1억 7천, 부채 4천, 자본 1억 3천 되겠습니다. — 웹툰 《미생》 중에서

《미생》 시즌2에서 김동식 과장은 장그래와 이 대화를 마무리하면서 자신의 재무상태를 자산 1억 7천, 부채 4천, 자본 1억 3천이라고 정리합니다. 이를 표로 나타내면 다음과 같습니다.

〈표〉 김동식 과장의 재무상태

자산	1억 7천만 원	부채	4천만 원
		자본	1억 3천만 원
합계	1억 7천만 원	합계	1억 7천만 원

현금잔액표

재무상태표는 회사가 가지고 있는 자산이 얼마인지, 회사가 외부에 갚아야 할 부채는 얼마인지, 이에 따라 회사의 순수한 재산은 얼마인지를 보여주는 표입니다. 이를 조금 다르게 표현하면 재무상태표의 자산은 회사가 가지고 있는 현금 잔액이 얼마인지, 재무상태표의 부채는 회사가 갚아야 하는 현금 잔액이 얼마인지, 이에 따라 자산에서 부채를 뺀 자본은 주주 몫의 현금 잔액이 얼마인지를 보여줍니다. 재무상태표의 자산은 결국 현금으로 회수될 것이고, 부채는 결국 현금으로 상환될 것이기 때문입니다. 자산, 부채, 자본 모두 현금으로 이해하면 됩니다. 그래서 이름이 재무상태표인 것입니다. 재무

는 현금을 말하는 것입니다. 재무상태표는 곧 현금잔액표입니다.

재무상태표는 다음의 표와 같은 형태를 띱니다. 이는 '자산은 부채와 자본의 합계와 일치한다'라는 회계등식을 설명하고자 왼쪽에 자산, 오른쪽에 부채와 자본을 위치시킨 것입니다.

〈표〉 재무상태표의 기본 형태

자산 100원	부채 70원
	자본 30원
합계 100원	합계 100원

위 재무상태표를 본 회사는 이렇게 말할 수 있습니다. "현재 회사가 쓸 수 있는 현금이 100원이군, 부채 70원은 갚아야 하겠지만." 위 재무상태표를 본 은행은 이렇게 말할 수 있습니다. "자산이 100원이니 대출금 70원을 상환받는 데 별문제는 없겠군." 위 재무상태표를 본 주주는 이렇게 말할 수 있습니다. "자산 100원에서 부채 70원을 빼니 현재 본인의 순수한 재산은 30원이군."

또한 재무상태표는 회사의 자금을 어떤 경로로 조달하여 어디에 투자하고 있는지를 보여주기도 합니다. 이에 이 재무상태표는 이렇게 해석될 수 있습니다. "은행 돈 70원, 주주 돈 30원의 합계인 100원을 자산에 투자하고 있다."

재무상태표는 회계연도 종료일 혹은 결산일 현재의 자산·부채·자본의 잔액을 보여주는 재무제표입니다. 결산일 현재의 잔액을 보여주는 표이기에 재무상태표에는 결산일이 언제인지를 알려주는 '01

년 12월 31일 현재'와 같은 날짜가 적혀 있습니다.

자산·부채의 유동성 구분

자산은 크게 '유동자산'과 '비유동자산'으로 구분합니다. '유동'이란 '여기저기 흘러다니다'라는 뜻입니다. 회계에서 여기저기 흘러다닐 수 있는 자산은 무엇이 있을까요? 현금입니다. 유동자산은 현금이나 현금으로 빨리 회수할 수 있는 자산을 의미합니다. 일반적으로 회계기준은 1년이라는 기간을 정하여 1년 이내에 현금으로 회수할 수 있는 자산을 유동자산으로 분류합니다. 1년 이내의 기간을 '단기'라고 표현하기도 합니다. 그러면 언제부터 1년 이내일까요? 회계기간 종료일이 그 시작일입니다. 예를 들어 회계기간이 01년 1월 1일부터 01년 12월 31일까지인 재무제표에서 유동자산은 회계연도 종료일인 01년 12월 31일을 기준으로 1년 이내인 02년 12월 31일까지입니다. 그렇지 않으면 유동자산이 아닙니다. 이 경우 유동자산에 비(非)를 붙인 비유동자산이 됩니다.

자산과 마찬가지로 회계연도 종료일 현재를 기준으로 1년 이내에 현금이 나가는 부채는 유동부채로, 그렇지 않은 부채는 비유동부채로 구분합니다.

자본 구분

자본은 그 성격에 따라 자본금, 자본잉여금, 자본조정, 기타 포괄손익누계액, 이익잉여금으로 구분합니다. 자본은 자산, 부채와 달리 유동과 비유동으로 구분하지 않습니다.

이익잉여금

회계기간이 종료되면 손익계산서의 당기순이익은 이익잉여금이라는 자본계정에 더해집니다. 이익잉여금은 매 회계기간마다 계산된 당기순이익의 누적금액입니다.

다음의 재무상태표를 보면 자산은 왼쪽에, 부채와 자본은 오른쪽에 정리되어 있습니다. 이는 자산은 차변에, 부채와 자본은 대변에 위치함을 보여주기 위해 이렇게 표시한 것입니다. 실제 공시되는 재무제표는 위에서 아래로 자산, 부채, 자본의 순서로 표시합니다.

〈표〉 재무상태표 예시

재무상태표

01년 12월 31일 현재

자산		부채와 자본	
1. 유동자산	***	1. 부채	
1) 현금 및 현금성자산	***	1) 유동부채	***
2) 매출채권	***	2) 비유동부채	***
3) 재고자산	***	부채 합계	***
2. 비유동자산	***	2. 자본	***
1) 투자자산	***	1) 자본금	***
2) 유형자산	***	2) 자본잉여금	***
3) 무형자산	***	3) 자본조정	***
4) 기타 비유동자산	***	4) 기타 포괄손익누계액	***
		5) 이익잉여금(또는 이월결손금)	***
		자본 합계	***
자산 합계	***	부채와 자본 합계	***

자산항목을 왼쪽 위에서부터 읽어 내려갑니다. 자산, 유동자산, 현금 및 현금성자산, 매출채권, 재고자산, 비유동자산, 투자자산, 유형

자산, 무형자산, 기타 비유동자산, 자산 합계….

김동식 과장의 재무제표

이제 도입 부분에서 김동식 과장이 언급한 내용을 재무상태표로 나타내 보겠습니다. 먼저 다음과 같이 회계처리 합니다.

〈표〉 김동식 과장의 회계처리

김동식 과장	회계처리
1억 5천짜리 전세 오피스텔인데.	차) 자산(오피스텔) 1억 5천만 원 대) 자본 1억 5천만 원
4천이 대출이야. 부채지.	차) 자본 4천만 원 대) 부채(대출) 4천만 원 : 오피스텔 1억 5천만 원 중 4천만 원은 대출금으로 처리
빌려준 돈이 5백만 원 있는데.	차) 자산(빌려준 돈) 5백만 원 대) 자본 5백만 원
자본금은 0원이지.	회계처리 없음

이어 김동식 과장의 자산, 부채, 자본을 계산합니다. 자산은 '오피스텔 1억 5천 + 빌려준 돈 5백만=1억 5천 5백만 원'입니다. 부채는 대출 4천만 원입니다. 자본은 자산에서 부채를 뺀 금액이므로 1억 5천 5백만 원에서 4천만 원을 뺀 1억 1천 5백만 원입니다. 그런데 김동식 과장은 스스로 자산을 1억 7천, 부채 4천, 자본 1억 3천이라고 했습니다. 이 표와 1천 5백만 원의 차이가 있습니다. 아마도 김동식 과장이 현금 또는 예금을 1천 5백만 원을 가지고 있다고 보입니다.

이를 반영한 김동식 과장의 재무상태표는 다음과 같습니다.

〈표〉 김동식 과장의 재무상태표

자산		부채와 자본	
현금	1천 5백만 원	1. 부채	
빌려준 돈	5백만 원	대출	4천만 원
오피스텔	1억 5천만 원	부채 합계	4천만 원
		2. 자본	
		자본	1억 3천만 원
		자본 합계	1억 3천만 원
자산 합계	1억 7천만 원	부채와 자본 합계	1억 7천만 원

다음으로 김동식 과장의 월급을 반영한 재무상태표와 손익계산서를 작성해보겠습니다. 《미생》 시즌 2를 보면 김동식 과장의 월급은 2백만 원으로 추정됩니다. 이 중 생활비로 집에 150만 원을 보내준다고 가정합니다. 먼저 다음과 같이 회계처리합니다.

〈표〉 김동식 과장의 회계처리

김동식 과장	회계처리
월급을 200만 원 받았어.	차) 현금 200만 원 대) 수익(급여) 200만 원
150만 원을 집에 가져다주었지.	차) 비용(생활비) 150만 원 대) 현금 150만 원

이어 수익과 비용 계정을 손익계산서로 이동합니다. 수익은 대변으로, 비용은 차변으로 보냅니다. 그 차이인 50만 원은 이익이 됩니다. 차변과 대변을 일치시키기 위해 차변에 이익을 기표합니다. 만일

비용이 더 크다면 대변에 차액을 기표합니다.

〈표〉 김동식 과장의 손익계산서

비용: 생활비	150만 원	수익: 급여	200만 원
이익	50만 원	-	-
합계	200만 원	합계	200만 원

이제 김동식 과장의 회계처리 결과인 현금 증가액 50만 원(=200만 원—150만 원)과 손익계산서에 있는 이익 50만 원을 재무상태표로 옮겨 적습니다.

〈표〉 김동식 과장의 재무상태표(이익 반영 후)

자산		부채와 자본	
현금	1천 5백만 원	1.부채	
빌려준 돈	5백만 원	대출	4천만 원
오피스텔	1억 5천만 원	부채 합계	4천만 원
현금(급여)	50만 원	2.자본	
		자본	1억 3천만 원
		이익	50만 원
		자본 합계	1억 3천 50만 원
자산 합계	1억 7천 50만 원	부채와 자본 합계	1억 7천 50만 원

이익 50만 원을 반영한 재무상태표를 보면 차변에 현금(급여) 50만 원이 늘었고 대변에 이익 50만 원이 늘었습니다. 자산합계와 부채와 자본 합계도 각각 50만 원이 늘었습니다.

07
손익계산서

장그래: 그럼 저도 언젠가는 제 일을 해야 하는 건가요?

김동식 과장: 당연히 그렇지, 아니면 온길 인터 대표가 되거나.

장그래: … 그러기 위해선 지금처럼만 하면 안 되겠죠? 제일 필요한 게 뭘까요? 저에게…

김동식 과장: 장부를 읽을 줄 알아야지. — 웹툰 《미생》 중에서

손익계산서는 재무상태표와 더불어 가장 먼저 알아야 하는 재무제표입니다. 손익계산서는 일정한 기간 동안 어떤 원천·내용·용도로 돈이 들어오고 나갔는지, 그 결과 돈을 얼마나 벌거나 잃었는지 보여줍니다. 다시 말해 손익계산서는 일정 기간 동안 발생한 수익, 비용

〈표〉 손익계산서의 기본 형태 1

손익계산서 01년 1월 1일부터 01년 12월 31일까지	
수익	1,000원
비용	-700원
이익(손실)	300원

의 내역과 수익에서 비용을 뺀 이익이 얼마인지를 보여줍니다.

위의 손익계산서는 이렇게 해석합니다. "01년 1월 1일부터 01년 12월 31일까지 수익이 1,000원 발생했고 비용이 700원 발생하여 이익이 300원 발생했네요."

한편 손익계산서는 다음과 같이 차변에 비용, 대변에 수익이 오도록 보여주기도 합니다.

〈표〉 손익계산서의 기본 형태 2

손익계산서 01년 1월 1일부터 01년 12월 31일까지			
비용	700원	수익	1,000원
이익	300원		
합계	1,000원	합계	1,000원

수익의 구분

손익계산서에 표시되는 수익은 크게 영업수익과 영업외수익으로 구분합니다. 영업수익은 영업활동에서 발생한 수익, 영업외수익은 영업활동 이외에서 발생한 수익입니다. 물건을 파는 회사에서는 영업수익을 매출액으로 표현합니다. '매출'이라는 표현에는 '물건의 판매'라는 개념이 들어 있습니다. 매출액은 제품·상품 등 물건을 판매해서 번 돈을 회계처리하는 대표적인 수익 계정과목입니다. 물건을 판매하지 않는 금융기관 등에서는 매출액이 아닌 영업수익이라는 계정과목을 사용하기도 합니다. 영업외수익은 영업활동이 아닌 투자활동과 재무활동에서 발생한 수익입니다. 이에는 이자수익, 건물을 임대해주고 받은 임대료수익 등이 있습니다.

〈표〉 수익의 구분

수익	영업수익	매출액, 용역수익 등
	영업외수익	임대료, 이자수익 등

비용의 구분

손익계산서에 표시되는 비용은 영업비용과 영업외비용으로 구분합니다. 영업비용은 영업활동에서 발행한 비용입니다. 영업비용은 매출원가와 판매비와 관리비로 구분합니다. 매출원가에는 판매된 물건의 제조에 직접 사용된 재료비, 노무비, 전기료 등 각종 제조경비와 매입한 상품 취득을 위해 지출한 비용이 있습니다. 판매비와 관리

〈표〉 비용의 구분

비용	영업비용	매출원가	제조 관련 재료비, 노무비, 제조경비 등 상품매입비 등
		판매비와 관리비	광고선전비, 인건비, 연구개발비 등
	영업외비용	임차료, 이자비용 등	

비에는 물건의 판매 또는 회사의 운영을 위해 지출한 비용인 마케팅 비용, 판촉비용, 인건비, 연구개발비 등이 있습니다. 영업외비용은 영업활동이 아닌 투자활동과 재무활동에서 발생한 비용입니다. 이에는 임차료, 차입금에서 발생한 이자 등이 있습니다.

이익

손익계산서는 이익을 매출총이익, 영업이익, 법인세비용차감전순이익, 당기순이익, 포괄이익 등 여러 각도로 보여줍니다. 매출총이익은 영업수익인 매출액에서 영업비용 중 매출원가를 차감하여 계산합니다. 영업비용 중 판매비와 관리비는 빼지 않습니다. 매출총이익은 회사의 기본적인 수익 창출 수단인 제품·상품의 판매로 인한 이익을 보여주는 지표로 제품·상품의 가격경쟁력, 수익성 판단의 기초가 됩니다. 영업이익은 매출총이익에서 판매비와 관리비를 차감하여 계산합니다. 영업수익에서 영업비용을 차감한 이익인 영업이익은 회사의 영업능력을 보여주는 지표입니다. 법인세비용차감전순이익은 법인세액 산출의 기초가 되는 이익으로 영업이익에서 영업외수익을 가산하고 영업외비용을 차감하여 계산합니다. 당기순이익은 회사에 1년 동안 발생한 최종 이익으로 법인세비용차감전순이익에서 법인세비용을 차감하여 계산합니다. 당기순이익은 배당가능이익 산정 등에 사용됩니다.

포괄이익

당기순이익에 '기타포괄손익'이라는 항목을 더하거나 빼서 '총포괄이익'이 나타나도록 손익계산서를 작성하기도 합니다. 이러한 손익계산서를 '포괄손익계산서'라고 합니다.

〈표〉 포괄손익계산서의 기본 형태

포괄손익계산서 01년 1월 1일부터 01년 12월 31일까지
수익
(−)비용
당기순이익
(±)기타포괄손익
총포괄이익

기타포괄손익

일반적으로 재무상태표에 있는 자산 또는 부채를 다시 평가하면서 발생하는 평가이익은 수익으로 회계처리합니다. 그런데 토지, 건물 등 유형자산에서 발생한 평가이익은 특별히 '재평가이익'이라 부르고, 회계기준에 따라 수익이 아닌 자본의 증가로 회계처리합니다. 예외적인 경우이지만 재평가이익처럼 자산·부채의 평가손익을 수익 또는 비용으로 처리하는 것이 부적절하다고 판단하여 자본으로 회계처리하는 평가손익을 '기타포괄손익'이라고 합니다.

예를 들어 토지를 재평가해보니 취득할 때보다 1억 원이 오른 경우 다음과 같이 회계처리할 수 있습니다. 다만 재평가이익이 발생하였다고 해서 반드시 이러한 회계처리를 해야 하는 것은 아닙니다. 재평가이익의 회계처리 여부는 회사가 선택합니다.

〈회계처리〉 재평가이익의 증가

차변		대변	
계정	금액	계정	금액
자산(토지)	1억 원	자본(재평가이익)	1억 원

포괄손익계산서 예시

아래에 예시한 포괄손익계산서를 위에서부터 아래로 읽어 봅니다. 매출액, 매출원가, 매출총이익, 판매비와 관리비, 영업이익, 영업외수익, 영업외비용, 법인세비용차감전순이익, 법인세비용, 당기순이익, 기타포괄손익, 총포괄이익.

회사는 물건을 만들어 파는 등의 영업활동을 통해 현금을 벌어들이는 것이 기본입니다. 이것이 없다면 회사는 생존할 수 없습니다. 그래서 매출액이 맨 위에 옵니다. 이어 아래로 물건을 만들거나 사는 데 지출한 비용인 매출원가, 회사의 판매·관리비용인 판매비와 관리비, 영업외수익, 영업외비용, 법인세비용 등이 차례로 표시됩니다.

'당기순이익'에서 '당기'는 '이번 재무제표의 작성 대상이 되는 회계기간'이라는 뜻이고, '순'은 '수익에서 비용을 뺀'이라는 의미입니

〈표〉 포괄손익계산서 예시

포괄손익계산서 01년 1월 1일부터 01년 12월 31일까지	
매출액	***
(−)매출원가	***
매출총이익	***
(−)판매비와관리비	***
영업이익	***
(+)영업외수익	***
(−)영업외비용	***
법인세비용차감전순이익	***
(−)법인세비용	***
당기순이익	***
(±)기타포괄손익	***
총포괄이익	***

다. 즉, 총수익에서 총비용을 차감한 금액이 당기순이익입니다. 당기순이익이 음수일 땐 당기순손실이라고 부릅니다. 당기순손익이라는 표현도 있는데 이는 당기순이익 또는 당기순손실의 합성어입니다.

영업이익의 중요성

영업수익에서 영업비용을 차감, 다시 말해 매출액에서 매출원가와 판매비와 관리비를 빼서 계산한 영업이익은 회사의 가치와 영업능력 등을 판단할 때 아주 적합한 이익지표입니다. 영업이익은 은행에서 대출심사를 할 때 또는 다른 회사를 인수할 때 중요한 판단 기준이 됩니다. 그리고 인수·합병에서 자주 사용되는 기업가치 평가 지표인 에비타(EVIDTA) 계산도 영업이익에서 출발합니다.

재무상태표와 손익계산서 비교

재무상태표는 결산일 현재의 자산, 부채, 자본의 잔액이고 누적으로 쌓여온 수치입니다. 당해 회계연도 말의 재무상태는 이전 회계연도 말의 재무상태에 당해 회계기간 중의 변동을 더하고 빼서 계산합니다. 자산, 부채, 자본으로 회계처리되면 해당 자산, 부채, 자본이 없어질 때까지는 계속해서 해당 자산, 부채, 자본으로 재무상태표에 머무르게 된다는 뜻입니다.

손익계산서는 당해 회계기간에 발생한 이익의 금액만을 보여줍니다. 따라서 당해 회계기간의 손익계산서에서 이전 회계기간의 손익계산서의 내용은 알 수 없습니다. 또한 당해 회계기간의 손익계산서 내용은 다음 회계기간의 손익계산서에 나타나지 않습니다.

〈핵심 정리〉 재무상태표와 손익계산서의 비교

구분	재무상태표	손익계산서
보고 사항	특정 시점의 재무상태, 자금조달의 원천(부채, 자본)과 투자(자산) 내용	특정 기간의 수익, 비용, 이익 내용
회계등식	자산=부채 + 자본	이익=수익－비용

재미있는 회계 상식

12월 31일 현재 수익은?

2021년 증시 폐장식(출처: 증권거래소)

경제학에 저량(stock), 유량(flow)이라는 개념이 있습니다. 저량은 정지 상태, 유량은 흐르고 있는 상황을 의미합니다. 자산, 부채는 저량의 개념으로 '특정일 현재 얼마가 남아 있다'라는 잔액입니다. 수익, 비용은 유량의 개념으로 '언제부터 언제까지 얼마가 생겨났다'라는 발생액입니다. 이에 '12월 31일 현재 자산은 얼마인가?'라는 질문은 가능하지만 '12월 31일 현재 수익은 얼마인가?'라는 질문은 있을 수 없습니다. 마찬가지로 '1월 1일부터 12월 31일까지 수익은 얼마인가?'라는 질문은 가능하지만 '1월 1일부터 12월 31일까지 자산은 얼마인가?'라는 질문은 있을 수 없습니다.

다만 자산, 부채도 유량의 개념으로 표현할 수 있습니다. '자산, 부채'에 '증가 또는 감소'를 덧붙이면 됩니다. '자산의 증가', '부채의 감소' 이런 식입니다. 이에 '1월 1일부터 12월 31일까지 자산의 증가는 얼마인가?'라는 질문은 가능합니다.

08
현금흐름표, 자본변동표

개 한 마리가 길에 떨어진 뼈다귀를 보았어요. 개는 군침을 꿀꺽 삼키며 뼈다귀를 입에 물었어요. 개는 신나게 다리를 건너다가 우연히 아래를 보게 되었어요. 그런데 강물 속에서 어떤 개 한 마리가 커다란 뼈다귀를 물고 자기를 빤히 쳐다보고 있지 뭐예요? 개는 물끄러미 물속을 들여다보며 생각했어요. '저 녀석의 뼈다귀가 내 것보다 더 크잖아, 겁을 줘서 저 뼈다귀를 빼앗아야겠다.'—《이솝 우화》 중에서

'개와 뼈다귀'라는 이솝 우화 중 일부입니다. 뼈다귀를 입에 문 채 개울을 건너다 물속에 비친 자기 모습을 보고 더 커 보이는 뼈다귀를 빼앗으려 멍멍 짖다가 그만 입에 문 뼈다귀를 개울에 빠트려버린다

는 내용입니다. 이 우화가 우리에게 주는 교훈은 '큰 욕심을 내다가는 가지고 있는 것마저도 잃어버릴 수 있다'라는 것입니다. '허상을 좇다가 실제 가지고 있던 확실한 것도 잃을 수 있다'는 교훈도 주고 있습니다.

이 우화에 빗댈 만한 이야기가 있습니다. 워런 버핏의 말입니다. "이익은 의견이고 현금은 팩트다." 이솝 우화와 워런 버핏의 언급을 연계하여 '이익은 허상이고 현금이 실재다'라는 말을 하려는 것은 아닙니다. 그래도 질문을 하나 드립니다. 현금과 이익, 둘 중 하나를 선택한다면 무엇을 선택하겠습니까? 둘 다 선택해야죠. 그래도 하나만 선택하라면요? 답은 현금입니다. 장사는 결국 돈을 버는 것입니다. 아무리 물건을 많이 팔아도 돈을 벌지 못하면 망하고 맙니다.

현금흐름

'현금'이라는 단어에 '흐름'이라는 단어가 붙으니 어딘지 어색합니다. 현금이 흐른다? 현금흐름이라는 용어는 영어의 캐시 플로(cash flow)를 단순 번역한 것입니다. 캐시는 현금이고 플로는 흐름이니 둘을 합치면 현금흐름이 됩니다. 플로는 들어온다는 의미의 유입과 나간다는 의미의 유출을 합한 유·출입으로 번역할 수도 있습니다.

현금흐름표

특정 회계기간 중에 영업활동, 투자활동, 재무활동으로 인해 변동된 현금의 금액을 원천, 원인, 목적과 함께 보여주는 재무제표가 현금흐름표입니다. 현금흐름표에서 '현금'은 지폐나 동전만이 아닌 재무상태표의 '현금 및 현금성자산' 계정과목에 해당하는 금액 전부를 의미합니다. 따라서 보통예금, 당좌예금뿐만 아니라 3개월 이내에 즉시 현금화가 가능한 현금과 유사한 성격의 자산도 현금입니다.

〈표〉 현금흐름표 예시

현금흐름표 01년 1월 1일부터 01년 12월 31일까지	
Ⅰ. 영업활동으로 인한 현금흐름	***
Ⅱ. 투자활동으로 인한 현금흐름	***
Ⅲ. 재무활동으로 인한 현금흐름	***
Ⅳ. 현금의 증가(감소)(= Ⅰ + Ⅱ + Ⅲ)	***
Ⅴ. 기초의 현금	***
Ⅵ. 기말의 현금(=Ⅳ+Ⅴ)	***

현금흐름표는 세 영역으로 구분되어 있습니다. '영업활동 현금흐름', '투자활동 현금흐름', '재무활동 현금흐름'이 그것입니다. 이 세 개를 합치면 1년 동안의 총현금흐름이 되고, 총현금흐름이 양수이면 '현금의 증가', 음수이면 '현금의 감소'가 됩니다.

영업활동 현금흐름

영업활동은 연구개발, 매출, 구매, 마케팅, 인사, 기획과 같은 영업과 직접 관련된 활동입니다. 이러한 영업활동을 통해 변동된 현금을 영업활동 현금흐름이라고 합니다. 주요한 사례로 판매로 인한 현금유입, 매입으로 인한 현금유출, 마케팅으로 인한 현금유출, 인력관리로 인한 현금유출, 이자의 수취, 세금의 납부 등이 있습니다.

영업활동은 회사의 생존을 위한 기본적인 활동입니다. 영업활동에서 현금을 벌어들이지 못하는 회사는 현금을 확보하기 위해 회사가 소유한 부동산 등을 팔거나 금융기관으로부터 차입을 해야 합니다.

투자활동 현금흐름

투자활동은 건물, 기계장치, 자동차 등 영업활동에 사용될 자산, 주식 등 유가증권의 취득 또는 처분과 관련된 활동입니다. 그리고 이러한 투자활동으로 인해 변동된 현금의 증가와 감소를 투자활동 현금흐름이라고 합니다. 투자활동 현금흐름에는 대표적으로 건물, 기계장치, 자동차 등 유형자산의 취득으로 인한 현금유출, 유형자산의 처분으로 인한 현금유입, 주식 · 채권 등 유가증권의 취득으로 인한 현금유출, 유가증권의 처분으로 인한 현금유입이 있습니다.

재무활동 현금흐름

재무활동은 주식의 발행, 차입과 같은 자금 조달 활동을 의미합니다. '재무활동 현금흐름'은 이러한 재무활동을 통해 변동된 현금의 증가 또는 감소 금액입니다. 재무활동 현금흐름에는 대표적으로 주식 발

〈표〉 활동별 현금흐름의 내용

구분	현금유입	현금유출
영업활동	제품·상품 판매	원재료 매입, 급여 지급
투자활동	건물·주식 등 매각, 대여금 회수	건물·주식 등 구입, 현금 대여
재무활동	자금 차입, 주식 발행	차입금 상환

행을 통한 현금유입, 차입금의 조달로 인한 현금유입, 차입금 상환으로 인한 현금유출, 배당금의 지급 등이 있습니다.

손익계산서와 현금흐름표의 관계

손익계산서는 명칭 그대로 손익을 계산하는 표이고 현금흐름표는 현금의 흐름을 나타내는 표입니다. 그럼 손익과 현금흐름이 다르다는 말인가요? 그렇습니다. 만일 손익계산서가 현금유입, 현금유출을 나타낸다면 손익계산서와 현금흐름표는 동일한 성과를 보여줄 것입니다. 그러나 손익계산서는 발생주의, 현금흐름표는 현금주의에 의해서 작성되기에 양자는 차이가 있습니다.

이와 같이 손익계산서의 수익과 현금흐름표의 현금유입은 다르고 손익계산서의 비용과 현금흐름표의 현금유출 역시 다릅니다. 이는 곧 수익에서 비용을 차감하여 계산하는 손익계산서의 이익과 현금유입에서 현금유출을 차감하여 계산하는 현금흐름표의 현금의 증감액이 다름을 의미합니다.

그렇다면 손익계산서의 이익과 현금흐름표의 현금 증감액의 차이는 어떤 모습으로 나타날까요? 두 숫자의 차이는 일반적으로 세 가지 유형으로 나타납니다. 첫째, 감가상각비와 같이 '현금유출이 없는 비용'이 있는 경우입니다. 현금유출이 없기에 현금의 증가에는 영향을 미치지 않지만 이익이 감소하는 유형입니다. 둘째, 평가이익과 같이 '현금유입이 없는 수익'이 있는 경우입니다. 현금유입이 없기에 현금의 증가에는 영향을 미치지 않지만, 이익은 증가하는 유형입니다. 셋째, 물건의 매입 또는 주식 발행과 같이 현금유출 또는 현금유입이 있지만 자산, 부채, 자본의 증가 또는 감소로 회계처리하여 이익에는 영향을 미치지 않는 유형입니다.

〈핵심 정리〉 이익과 현금의 증가

구분	내용
이익	= 수익 - 비용
현금의 증가	= 현금의 유입 - 현금의 유출

자본변동표

재무상태표, 손익계산서, 현금흐름표에 비해 다소 중요도가 떨어지지만, 자본변동표와 주석도 중요한 재무제표입니다. 자본변동표는 지난 회계연도 종료일 현재와 이번 회계연도 종료일 현재 자본의 차이와 그 변동 내역을 보여줍니다. 손익계산서와 마찬가지로 회계기간이 표시되어 있습니다.

주석

주석은 회사에 대한 설명, 주주 현황, 금액이 나오게 된 과정, 세부 내용 등을 설명해놓은 재무제표의 한 부분입니다. 숫자만이 아닌 단어와 문장으로 표현되기 때문에 재무상태표, 손익계산서, 현금흐름표, 자본변동표보다는 익숙한 것처럼 보입니다. 그러나 여전히 어려운 내용과 숫자를 포함하고 있습니다. 금융감독원 전자공시시스템에서 회사가 공시한 재무제표를 보면 '계정과목' 오른쪽에 '주석'이라는 명칭과 함께 그 아래로 1, 2 … 25, 26 이렇게 숫자가 적혀 있습니다. 이 숫자는 해당 계정과목을 보다 자세히 설명하는 주석의 번호입니다. 주석은 각종 재무제표를 넘기다 보면 마지막에 나옵니다.

재미있는 회계 상식

세계 최초의 회계기준

미국 하버드대학교 경제학과의 윌리엄 리플리(William Z. Ripley) 교수는 1926년, 회사들이 투자자들에게 필요한 재무정보를 제공하지 않고 있다고 주장하며 회사들이 회계보고서를 작성하고 관리하는 규정이 없음을 비판했습니다. 리플리 교수의 이러한 비판 직후 미국은 극심한 경제 대공황에 빠졌습니다.

미국 정부는 리플리 교수가 지적한 회계기준의 부재가 대공황을 초래한 점을 인정하고 1933년과 1934년에 증권법과 증권거래법을 제정, 증권 거래를 감독하는 기구인 증권거래위원회(SEC)를 설립했습니다. 그리고 증권거래위원회에 회계기준을 제정할 권한을 부여했습니다. 미국 증권거래위원회는 세계 최초로 통일된 회계원칙인 '일반적으로 인정된 회계원칙(GAAP, Generally Accepted Accounting Principles)'을 제정했습니다.

09
측정

대통령직인수위원회가 법적, 사회적 나이 계산법을 '만 나이' 기준으로 통일하는 방안을 추진하겠다고 밝혔습니다. 인수위 정무사법행정분과는 오늘 인수위 브리핑에서 "현재 우리나라에서는 '세는 나이', '만 나이', '연 나이' 계산법을 모두 사용하고 있다"며 "법적, 사회적 나이 계산법이 통일되지 않아 행정서비스나 각종 계약에서 혼선이 지속돼 불필요한 사회경제적 비용이 발생해왔다"고 말했습니다.

— 《MBC 뉴스》, 2022.4.11.

2022년 3월 9일, 우리나라 제20대 대통령선거가 있었습니다. 보수당에서 공천한 후보가 당선되어 보수정권이 출범하였습니다. 그리고 대통령직인수위원회가 활동을 시작했습니다. 대통령직인수위원회는 새로운 정부가 추진할 정책과제들을 발표하였습니다. 그 가운데 나이 계산법을 통일하는 방안도 있었습니다.

우리나라에는 나이 계산법이 세 가지가 있습니다. 태어나자마자 1살이고 해가 바뀌면 2살이 되는 전통적 나이, 현재 연도에서 태어난 연도를 뺀 나이, 살아온 연수를 나이로 보는 서양식 만 나이가 그것입니다. 이 가운데 서양식 만 나이로 하게 되면 나이가 가장 적어지게 됩니다. 예를 들어 1989년 10월생의 경우, 2022년 7월을 기준으로 전통적인 나이는 34세, 현재 연도에서 태어난 연도를 빼서 계산한 나이는 33세, 만 나이는 32세입니다.

여기서 우스운 질문을 하나 드려볼까 합니다. 이 세 가지 나이 계산법 중 가장 보수적인 것은 무엇일까요? 힌트를 드립니다. 앞서 인용한 대통령직인수위원회에서는 나이를 만 나이로 통일하는 방안을 추진하기로 했습니다. 질문에 대한 답이 되었나요?

보수주의

일상에서 보수주의(保守主義, Conservatism)라는 용어는 어떤 가치를 지켜나가고자 하는 사상이나 태도를 일컫습니다. 그런데 회계에서도 보수주의라는 말을 자주 사용합니다. 그 의미는 일상에서 쓰이는 것과 비슷합니다. 그렇다면 회계에서 보수주의라는 용어를 사용하면서 지키려는 '어떤 가치'는 무엇일까요? 답은 돈입니다.

회계에서 보수주의란 회사 외부로 불필요하게 빠져나가는 돈을 지키자는 주장입니다. 그중에서도 특히 배당을 통해 회사 외부로 나가는 돈을 줄여보자는 주장입니다.

회사는 결산 과정을 거쳐 당기순이익을 계산합니다. 당기순이익은 주주에게 지급되는 배당의 원천이자 근거가 됩니다. 그런데 회사 입장에서는 회사를 장기적으로 성장시키려면 투자 재원을 늘리고 주주에게 지급되는 배당을 줄일 필요가 있습니다. 당기순이익이 줄면 배당을 지급할 근거가 약해집니다. 당기순이익을 줄이려면 수익은 적게 그리고 늦게 회계처리를 하고, 비용은 많이 그리고 빨리 회계처리를 하면 됩니다. 수익은 적게 비용은 크게 회계처리를 하여 당기순이익을 줄이고 이를 통해 배당으로 빠져나가는 현금을 줄여 회사의 재무구조를 튼튼히 하자는 주장이 보수주의입니다.

측정

일상에서 물건의 길이, 무게, 거리 등을 재면서 측정이라는 용어를 사용합니다. 회계에서도 측정을 합니다. 다만 대상이 길이, 무게, 거리가 아니라 돈의 크기입니다. 회계에서 측정이란 회계처리를 할 때 그 금액을 얼마로 정할지를 결정하는 절차입니다.

예를 들어 책상 1개를 10만 원에 샀습니다. 회계장부에 책상 1개의 금액을 얼마로 기록할까요? 당연히 10만 원입니다. 이 경우와 같이 현금이 오고 가는 거래에서는 그 금액을 그대로 기록하면 됩니다.

문제는 현금이 오고 가지 않는 경우입니다. 친구가 10만 원을 주고 산 쓰던 책상을 내게 주었다면 이 책상 1개의 금액은 얼마로 기록할까요? 현금주의는 현금이 오고 갈 때만 회계처리 하기에 현금이 오고 가지 않는 이 경우는 회계처리를 하지 않습니다. 하지만 발생주의에서는 그렇지 않습니다. 현금이 오고 가지 않을 때도 회계처리를 해야 하는 경우가 있습니다. 이 경우도 그렇습니다. 현금이 오고 가지 않았지만, 발생주의를 채택하였다면 회계처리를 해야 합니다. 회계처리를 하려면 얼마의 금액으로 중고 책상의 가격을 정해야 하는지 생각해야 합니다. 바로 측정을 해야 합니다.

취득원가

회계에서 사용하는 측정 기준에는 취득원가, 공정가치, 현재가치, 상각후원가, 순실현가치, 사용가치, 현행대체원가 등 여러 가지가 있습니다. 유념해야 할 점은 측정 수단은 우리가 마음대로 선택할 수 없다는 것입니다. 두 사람이 똑같이 정가가 2,000원인 책을 500원 할인받아 1,500원을 지급했는데 한 명은 책을 2,000원으로 기록하고 다른 한 명은 1,500원으로 기록할 수는 없다는 의미입니다. 대부분의 회계기준은 '취득원가' 또는 '공정가치'를 측정 기준의 원칙으로 채택합니다. 그러면서 또한 측정 기준을 자산, 부채별로 구체적으로 규정하고 있습니다.

취득원가는 글자 그대로 취득할 때 지출한 원가라는 뜻입니다. 좀 더 풀어서 표현하면 '취득 당시 지출한 현금 금액'을 말합니다. 취득원가는 대표적이고 일반적인 측정 기준입니다.

공정가치

공정가치는 시장에서 독립적인 당사자들 간에 지속적으로 이루어진 거래에서 '공정하다(fair)'고 평가할 수 있는 가치입니다. 감정평가사와 같은 독립된 전문가에 의해 평가된 가치도 공정가치 중 하나입니다.

공정가치는 취득 당시 지출한 현금인 취득원가와 다를 수 있습니다. 실제 지출한 현금이 아니라 공정한 시장에서 현재 거래되고 있는 가격이 공정가치이기 때문입니다. 공정가치는 자산을 취득할 때뿐 아니라 취득한 이후 자산을 평가할 때 매우 빈번하게 사용됩니다.

현재가치

현재가치는 미래에 들어오거나 나갈 현금을 지금 보유한다면 얼마의 금액으로 표시할지 보여주는 측정 기준입니다. 예를 들어 회사에 1년 후 받을 외상대금 10,000원이 있다고 가정합니다. 그리고 회사가 외상대금 10,000원을 지금 받아 은행에 10%의 이자율로 예금한다고 가정합니다. 그러면 회사는 1년 후에 10,000원의 10%인 1,000원을 이자로 받을 수 있습니다. 이것은 이자율이 10%인 상황에서는 현재의 10,000원과 미래의 11,000원의 가치가 같음을 의미합니다. 그러면 1년 후에 10,000원이 되려면 현재 얼마를 은행에 예금해야 할까요? 계산은 [현금÷{1+연이자율}]로 합니다. 이자율이 10%인 조건에서 1년 후 10,000원이 되는 현재 금액은 9,091원{=10,000 ÷ (1+10%)}입니다. 다시 말해 현재 9,091원을 은행에 10% 이자율로 예금하면 1년 후에 909원의 이자를 받아 총 원리금은 10,000원이 됩니다. 이때 '10,000원의 현재가치는 이자율이 10%인 상황에서는 9,091원이다'라고 말할 수 있습니다.

현재가치는 공정가치를 결정하기 어려운 경우에 그 대안으로 많이 사용됩니다.

현재가치를 구하는 공식은 'PV=ΣFV÷$(1+r)^n$' 입니다. 여기에서 Σ는 합계, PV(Present Value)는 현재가치, FV(Future Value)는 미래 현금흐름, r은 시장이자율, n은 기간입니다.

〈현재가치 공식〉

$$PV = \Sigma FV \div (1+r)^n$$

PV : 현재가치, FV : 미래 현금흐름
r : 시장이자율, n : 연수

현재가치 계산 공식에 따르면 1년 후에 예상된 현금흐름의 현재가치는 [미래 현금흐름÷(1+시장이자율)]입니다. 시장이자율이 양수(+)일 때 현재가치는 미래 현금흐름보다 작아집니다. 그리고 더 먼 미래의 현금흐름일수록 현재가치는 더욱 작아집니다. 이 때문에 현재가치를 산정할 때의 시장이자율을 '할인율'이라고도 합니다. 그래서 '현재가치로 할인한다'라는 표현을 쓰기도 합니다.

역사적 원가

한편 회계에서는 역사적 원가라는 용어도 많이 사용합니다. 역사적 원가의 뜻은 역사라는 단어에서 유추해볼 수 있습니다. 역사는 과거를 의미합니다. 역사적 원가는 과거에 이미 측정되었던 원가를 말합니다. 오늘의 취득원가, 공정가치, 현재가치는 내일이면 모두 역사적 원가가 됩니다.

〈핵심 정리〉 측정기준

구분	내용
보수주의	수익은 적게, 비용은 많게 회계처리하자는 주장
취득원가	취득할 때 지출한 금액
공정가치	시장에서 독립적인 당사자 사이에 이루어진 거래에서 형성되는 등 공정하다고 볼 수 있는 금액
현재가치	미래에 들어올 현금이 현재 계산하면 얼마인지를 보여주는 금액
역사적원가	과거에 이미 측정되었던 금액

측정기준 적용 사례

01년 1월 1일에 회사채를 1,000원 주고 샀습니다. 이 채권의 발행조건은 다음과 같습니다.

- 01년 1월 1일 현재 시장이자율은 연 5%입니다.
- 이 채권의 액면 가액은 1,000원이고, 액면 이자율은 연 10%로 매년 12월 31일에 이자 100원씩을 지급합니다.
- 이 채권의 만기는 3년 후인 03년 12월 31일입니다.
- 이 채권은 다음 날인 01년 1월 2일 거래소에 상장되었고 900원에 시가가 형성되었습니다.

(물음1) 01년 1월 1일의 취득원가는 얼마입니까? 채권을 사기 위해 지급한 1,000원이 취득원가입니다. 이는 역사적 원가가 됩니다.

(물음2) 01년 1월 1일의 현재가치는 얼마입니까? 현재가치를 구

하는 공식은 '$PV=\Sigma FV \div (1+r)^{n}$' 입니다. 여기에서 Σ는 합계, PV는 현재가치, FV는 미래 현금흐름, r은 시장이자율, n은 기간입니다. 구입한 채권은 01년 12월 31일에 이자 100원, 02년 12월 31일에 이자 100원, 03년 12월 31일에 이자 100원과 원금 1,000원을 지급하게 되어 있으므로 미래 현금흐름이 있는 각각 시점에서 발생한 현금 1,300원(이자 300원, 원금 1,000원)의 01년 1월 1일 현재의 현재가치를 계산해보면 다음과 같이 1,136원이 됩니다. 1,136원은 공정가치이기도 합니다.

〈표〉 측정기준 적용 사례

시기		합계	01.12.31	02.12.31	03.12.31
기간		-	1	2	3
미래 현금 흐름	이자(연 10%)	300	100	100	100
	원금	1,000	-	-	1,000
시장 이자율(연 5%)		-	5%	5%	5%
현재 가치	이자	272	95	91	86
	원금	864	-	-	864
	합계	1,136	95	91	950

(물음 3) 01년 1월 2일의 공정가치는 얼마입니까? 01년 1월 2일 현재 불특정다수가 참여하는 시장에서 거래되고 있는 가격이 900원이므로 공정가치는 900원입니다.

재미있는 회계 상식

태양왕 루이 14세의 회계장부

"짐이 곧 국가다." 태양왕으로 유명한 절대군주 루이 14세, 그는 자그마한 회계장부를 주머니에 넣고 다녔다고 합니다. 당시 재무총감이었던 콜베르가 루이 14세를 위해 제작한 것이었습니다. 현재 프랑스 국립도서관에 소장된 '루이 14세의 노트'라는 제목이 붙여진 이 수첩에는 수입과 지출 내역과 각 세금 징수 대행인에게서 거둬들인 세입에 관한 기록도 상세히 적혀 있습니다.

태양왕 루이 14세(우)와 재무총감 콜베르(좌)

하지만 루이 14세는 1683년에 콜베르가 죽자 이 회계장부의 기록을 중단합니다. 그리고 세계에서 가장 호화롭다는 베르사유 궁전의 건축에 더욱 막대한 비용을 지출합니다. 루이 14세가 이 회계장부의 기록을 중단한 것은 어쩌면 차라리 재정 상황을 모르는 것이 속 편하다고 생각해서 내린 결정이었는지 모릅니다. 결국, 프랑스는 심각한 재정 위기에 빠지게 됩니다.

1715년 루이 14세가 사망할 무렵, 프랑스는 파산 상태에 빠지고 맙니다. 이후 초래된 75년간의 재정 위기는 1789년 프랑스 시민혁명의 주요한 원인 중 하나가 됩니다.

10
결산

인생은 비우고 채우는 과정의 연속이다. 무엇을 비우느냐에 따라 가치는 달라지고, 무엇을 채우느냐에 따라 결과는 달라진다.
—《하워드의 선물》(에릭 시노웨이·메릴 미도우 지음) 중에서

인생 후반전이라는 말을 요즘 많이 씁니다. 정년 또는 삶의 전환기를 기준으로 이전의 삶을 전반전, 이후의 삶을 후반전이라고 합니다. 우리는 인생의 전환기를 맞이하면서 과거의 생활을 진지하게 뒤돌아보고 반성하고 후회하곤 합니다. 이처럼 특정한 기간을 정하여 지나간 삶을 돌아보면서 비워내고 다시 채워나가는 과정은 참으로 귀하고 필요합니다. 이는 회사를 운영하는 데도 마찬가지입니다.

결산

회계에서는 회사가 지난 기간을 돌아보고 미래를 설계하는 절차를 결산이라고 합니다. 결산은 회계기간 중 발생한 모든 회계처리를 빠짐없이 계정과목별로 모든 회계처리 내역을 집계한 장부인 계정별원장과 계정별원장의 기초 금액, 차변 합계, 대변 합계, 기말 금액을 집계한 장부인 합계잔액시산표에 반영하고 재무상태표, 손익계산서 등 재무제표를 작성하는 순서로 진행됩니다.

회계기간

인생에서는 과거를 돌아보고 정리하는 시기가 정해져 있지 않지만, 회계에서는 반드시 1년에 한 번은 과거를 정리하는 절차인 결산을 해야 합니다. 이때 정리 대상이 되는 기간을 회계기간이라고 합니다. 회계기간은 1년을 초과할 수 없습니다. 이에 회사는 보통 1년을 회계기간으로 정합니다.

상장회사는 1년의 회계기간 동안 1분기, 2분기(반기), 3분기, 연간(온기) 등 네 차례의 결산을 실시합니다.

2분기(반기)와 3분기 결산에 따른 재무제표를 작성할 때는 결산일 직전 3개월 기간의 손익계산서를 함께 보여줍니다. 예를 들어 6월 30일이 결산일인 반기 재무제표를 작성할 때는 4월 1일부터 6월 30일까지 기간에 대한 손익계산서를 함께 작성합니다. 그리고 9월 30일을 3분기 결산일로 하여 재무제표를 작성할 때는 7월 1일부터 9월 30일까지 기간의 손익계산서를 함께 작성합니다.

〈표〉 회계기간이 1월 1일부터 12월 31일까지인 상장회사의 결산기간

구분	결산기간
1분기	1월 1일 ~ 3월 31일
2분기(반기)	1월 1일 ~ 6월 30일
3분기	1월 1일 ~ 9월 30일
연간(온기)	1월 1일 ~ 12월 31일

장부

회계에서는 전표, 계정별 원장 등 여러 종류의 장부를 작성합니다. 전표는 회계처리가 기입되는 장부입니다. 현금거래를 기입하는 '현금전표'와 비현금거래를 기입하는 '대체전표'로 구분하기도 합니다. 전표는 '분개장'이라고도 합니다.

〈표〉 회계전표 예시

회계전표							
차변				대변			
계정과목	금액	적요	거래처	계정과목	금액	적요	거래처
-	-	-	-	-	-	-	-

계정별 원장은 회계기간에 발생한 모든 전표의 회계처리 내역을 계정과목별로 집계한 장부입니다. 총계정원장이라고도 합니다. 현금계정과목의 계정별 원장을 예시하면 다음과 같습니다.

〈표〉 계정별 원장 예시

계정별 원장(현금)				
연월일	적요	차변	대변	잔액
01.1.1	기초금액	1,000	–	1,000
…	자본금	5,000	–	6,000
…	매출채권 회수	300	–	6,300
…	매입채무 지급	–	200	6,100
…	급여 지급	–	100	6,000
01.12.31	기말금액	6,300	300	6,000

합계잔액 시산표는 계정별 원장의 기초 금액, 차변 합계, 대변 합계, 기말 금액을 계정과목별로 집계한 장부입니다. 재무상태표와 손익계산서 작성의 기초가 됩니다. 앞서 예시하였던 계정별 원장(현금)을 합계잔액 시산표에 반영하면 다음 표와 같습니다.

〈표〉 합계잔액 시산표 예시

합계잔액 시산표						
계정과목	차변			대변		
	잔액	합계	기초	기초	합계	잔액
현금	6,000	5,300	1,000	–	300	–
자본금	–	–	–	–	5,000	5,000
–	–	–	–	–	–	–

재무제표 작성

합계잔액 시산표가 완성되면 재무상태표 계정과목과 손익계산서 계정과목을 구분하여 집계합니다. 합계잔액 시산표 예시에서 현금, 차입금, 자본금이 재무상태표 계정과목입니다. 매출액, 매출원가, 급여는 손익계산서 계정과목입니다. 그러면 재무상태표와 손익계산서가 완성됩니다. 이어 자본변동표, 현금흐름표와 주석을 완성합니다. 이렇게 결산의 최종결과물인 재무제표가 완성됩니다. 계속해서 재무제표를 법인세법에 일치시키는 세무조정을 수행하고 세무조정계산서 등을 작성한 후 정부에 법인세를 신고·납부하면 결산은 종료됩니다.

재미있는 회계 상식

숫자 읽기

회계에서 숫자의 단위는 콤마(,)로 구분합니다. 콤마는 세 자릿수마다 찍혀 있습니다.

아라비아숫자는 오른쪽 끝부터 왼쪽으로 단위가 올라갑니다. 그리고 세 번째 단위마다 콤마를 찍습니다. 첫 번째 콤마 왼쪽에 있는 단위가 천 원입니다. 두 번째 콤마 왼쪽은 백만 원입니다. 세 번째 콤마 왼쪽은 십억 원입니다. 네 번째 콤마 왼쪽은 조 원입니다.

일상에서 사용하는 만 원의 단위는 회계에서 사용하지 않습니다. 1만 원은 회계에서는 10,000원 또는 10천 원으로 천 원 단위로 쓰고 읽습니다. 영어에서도 만원을 구분하는 단위가 없습니다. 만 원은 영어로 'ten thousands won'입니다.

〈표〉 금액 단위와 읽기

금액	읽기
1,000	천 원
1,000,000	백만 원
1,000,000,000	십억 원
1,000,000,000,000	일조 원

회계 상식 톺아보기

T계정과 재무제표 작성 원리

T계정

T계정은 계정과목의 흐름과 결산, 재무제표 작성 과정을 이해하는 데 유용합니다. T계정은 다음과 같은 순서로 작성합니다. 알파벳 T자를 씁니다. 위쪽에는 계정과목 명칭, 왼쪽에는 차변, 오른쪽에는 대변, 그리고 차변과 대변 밑에 거래의 내용과 금액을 기입합니다. 거래의 내용과 금액에는 계정과목의 기초 금액, 증가 거래와 그 금액, 감소 거래와 그 금액, 기말 금액을 기록합니다. 이렇게 만든 표를 T자와 닮았다 하여 'T계정'이라 합니다.

〈표〉 T계정 형태

계정과목 명칭

차변		대변	
거래의 내용	금액	거래의 내용	금액

'대차일치의 원리'에 의해 T계정의 차변 합계 금액과 대변 합계 금액은 언제나 일치하고 또한 일치해야 합니다. T계정은 자산, 부채, 자본만 작성하고 수익, 비용은 T계정을 작성하지 않습니다. 이는 수익, 비용의 발생은 자산의 증감, 부채의 증감을 가져오므로 자산, 부채 계정과목에서 수익, 비용의 발생 내역을 볼 수 있기 때문입니다.

자산 계정과목의 T계정

자산의 증가는 차변에 위치합니다. 이에 자산 계정과목은 차변에 기초 금액과 증가 금액, 대변에 감소 금액과 기말 금액이 위치합니다. 기초금액은 원래 존재하던 금액이므로 증가에 해당합니다.

〈표〉 T계정 - 자산

차변			대변		
구분	거래 내용	금액	구분	거래 내용	금액
기초	-	***	감소	-	***
증가	-	***	기말	-	***
합계	-	***	합계	-	***

부채, 자본 계정과목의 T계정

부채, 자본 계정과목은 자산과는 반대로 대변에 기초 금액과 증가 금액, 차변에 감소 금액과 기말 금액이 위치합니다.

〈표〉 T계정 - 부채·자본

차변			대변		
구분	거래 내용	금액	구분	거래 내용	금액
감소	-	***	기초	-	***
기말	-	***	증가	-	***
합계	-	***	합계	-	***

T계정 작성

1월 1일에 설립하여 1년 동안 다음과 같은 회계처리를 한 회사의 사례를 재무제표로 작성해 봅니다.

〈회계처리〉 T계정 작성 사례

거래		회계처리
일자	내용	
1월 1일	자본금 5,000원으로 회사를 설립하였다.	(차) 현금 5,000원 (대) 자본금 5,000원
3월 1일	은행으로부터 현금을 1,000원 빌렸다.	(차) 현금 1,000원 (대) 차입금 1,000원
5월 1일	외상으로 상품을 600원에 매입하였다.	(차) 상품 600원 (대) 매입채무 600원
7월 1일	5월 1일 매입한 상품을 1,000원에 외상으로 매출하였다.	(차) 매출채권 1,000원 (대) 매출 1,000원 (차) 매출원가 600원 (대) 상품 600원
12월 31일 (결산일)	직원에게 급여 300원을 지급하였다.	(차) 급여 300원 (대) 현금 300원

먼저 위와 같은 회계처리가 있을 때 현금 계정과목의 T계정을 작성해 보면 다음과 같습니다. 현금은 자산 계정과목이므로 차변에는 기초금액과 현금의 증가, 대변에는 현금의 감소, 기말 금액이 위치합니다.

〈표〉 T계정 – 현금

차변(증가)			대변(감소)		
적요	일자	금액	적요	일자	금액
기초금액	1.1	–	급여	12.31	300
설립	1.1	5,000	기말금액	12.31	5,700
은행차입	3.1	1,000	–	–	–
합계	–	6,000	합계	–	6,000

이제 위 사례를 가지고 재무제표를 작성해 봅니다

재무제표 작성

① 계정과목별로 T계정을 통해 결산일 현재 자산, 부채, 자본 잔액과 회계기간 중 수익·비용 발생액을 집계합니다.

계정과목	금액
현금(자산)	+5,000+1,000-300=+5,700원
자본금(자본)	+5,000원
차입금(부채)	+1,000원
상품(자산)	+600-600=0원
매입채무(부채)	+600원
매출채권(자산)	+1,000원
매출액(수익)	+1,000원
매출원가(비용)	+600원
급여(비용)	+300원

② 집계한 자산·부채·자본 잔액과 수익·비용 발생액을 전체 T계정에 표시합니다.

〈표〉 T계정 – 전체(자산·부채·자본·수익·비용)

<table>
<tr><th colspan="3">차변</th><th colspan="3">대변</th></tr>
<tr><td rowspan="3">자산</td><td>현금</td><td>5,700</td><td rowspan="2">부채</td><td>차입금</td><td>1,000</td></tr>
<tr><td>상품</td><td>-</td><td>매입채무</td><td>600</td></tr>
<tr><td>매출채권</td><td>1,000</td><td>자본</td><td>자본금</td><td>5,000</td></tr>
<tr><td rowspan="2">비용</td><td>매출원가</td><td>600</td><td rowspan="2">수익</td><td rowspan="2">매출액</td><td rowspan="2">1,000</td></tr>
<tr><td>급여</td><td>300</td></tr>
<tr><td colspan="2">합계</td><td>7,600</td><td colspan="2">합계</td><td>7,600</td></tr>
</table>

만일 전기에 작성한 재무제표가 있다면 자산, 부채, 자본의 각 계정과목에는 각각 기초금액도 표시됩니다.

③ 전체 T계정을 자산·부채·자본과 수익·비용으로 분리합니다.

〈표〉 T계정 – 자산·부채·자본

<table>
<tr><th colspan="6">자산·부채·자본</th></tr>
<tr><th colspan="3">차변</th><th colspan="3">대변</th></tr>
<tr><td rowspan="3">자산</td><td>현금</td><td>5,700</td><td rowspan="2">부채</td><td>차입금</td><td>1,000</td></tr>
<tr><td>상품</td><td>–</td><td>매입채무</td><td>600</td></tr>
<tr><td>매출채권</td><td>1,000</td><td>자본</td><td>자본금</td><td>5,000</td></tr>
<tr><td colspan="2">합계</td><td>6,700</td><td colspan="2">합계</td><td>6,600</td></tr>
</table>

〈표〉 T계정 – 수익·비용

<table>
<tr><th colspan="6">수익·비용</th></tr>
<tr><th colspan="3">차변</th><th colspan="3">대변</th></tr>
<tr><td rowspan="2">비용</td><td>매출원가</td><td>600</td><td rowspan="2">수익</td><td rowspan="2">매출액</td><td rowspan="2">1,000</td></tr>
<tr><td>급여</td><td>300</td></tr>
<tr><td colspan="2">합계</td><td>900</td><td colspan="2">합계</td><td>1,000</td></tr>
</table>

④ 수익과 비용의 차이인 당기순이익을 자본으로 대체합니다. 그런데 차변과 대변의 합계가 일치하던 T계정을 자산·부채·자본, 수익·비용 두 개의 T계정으로 분리하니 차변과 대변의 합계가 일치하지 않게 됩니다. 자산·부채·자본은 차변이 100원 크고 수익·비용은 대변이 100원 큽니다. 이 100원은 수익 1,000원에서 비용 900원을 뺀 금액입니다. 이는 곧 당기순이익입니다. 차변의 합계와 대변의 합계를 일치시키기 위해 다음과 같이 수익·비용 T계정의 대변에 남는

100원을 차변으로 보내는 회계처리를 합니다. 그리고 당기순이익 100원은 수익·비용 T계정에 기입하고, 자본(이익잉여금) 100원은 자산·부채·자본 T계정에 기입합니다.

〈회계처리〉 당기순이익의 자본 대체

차변		대변	
계정	금액	계정	금액
당기순이익	100	자본(이익잉여금)	100

당기순이익은 재무상태표의 이익잉여금이라는 계정과목으로 옮겨져 자본을 구성하게 되고, 자산·부채·자본의 차변 합계와 대변 합계는 일치하게 됩니다.

⑤ 재무상태표와 손익계산서를 완성합니다.

자산·부채·자본 T계정과 수익·비용 T계정 모두 차변과 대변의 합계가 일치하게 됩니다. 그리고 자산·부채·자본 T계정은 재무상태표가 되고, 수익·비용 T계정은 손익계산서가 됩니다.

〈표〉 재무상태표

재무상태표(자산·부채·자본 T계정)					
차변			대변		
자산	현금	5,700	부채	차입금	1,000
	상품	-		매입채무	600
	매출채권	1,000	자본	자본금	5,000
				이익잉여금	100
합계		6,700	합계		6,700

〈표〉 손익계산서

손익계산서(수익·비용 T계정)					
차변			대변		
비용	매출원가	600	수익	매출액	1,000
	급여	300			
당기순이익		100			
합계		1,000	합계		1,000

자본변동표

자본변동표는 회계기간 중 자본의 변동을 기초 금액, 기말 금액과 함께 보여주는 재무제표입니다. 자본의 T계정만 그리면 자본변동표를 작성할 수 있습니다. 위 사례에서 회계기간 중 자본금의 증가 5,000원과 이익잉여금의 증가 100원을 자본 T계정에 옮기면 이것이 곧 자본변동표가 됩니다. 자본 T계정에서 기초 금액이 없는 이유는 1월 1일에 사업을 개시하였기 때문입니다.

〈표〉 자본변동표

자본변동표(자본 T계정)			
차변		대변	
기말	5,100	기초	–
		자본금	5,000
		이익잉여금	100
합계	5,100	합계	5,100

3장

회사, 이렇게 돈을 번다

11
영업수의

금융당국이 셀트리온 그룹에 대한 감리위원회 논의를 마치고 분식회계 여부, 과징금 부과, 검찰 고발 등의 제재안 확정을 위한 증권선물위원회를 진행할 것으로 알려졌다. 셀트리온헬스케어가 셀트리온에 판매한 의약품 국내판권 매각 대금을 매출로 처리한 부분도 중요한 논란 사항으로 거론된다. 2018년 6월 셀트리온헬스케어는 국내판매권을 셀트리온에 매각하면서 218억 원의 매출 처리를 했다. 셀트리온헬스케어는 152억 원의 영업이익을 기록했는데 판권 매출이 없었다면 영업적자가 나는 상황이었다. — 《아시아경제》, 2022.3.3.

2018년 6월, 셀트리온헬스케어는 국내판매권을 자사의 지배회사인 셀트리온에 218억 원에 넘기면서 이 대금을 매출액으로 회계처리했습니다. 판매권은 유통업체가 독점적으로 제조업체로부터 특정한 물건을 매입하여 독점적으로 판매할 수 있는 권리입니다. 판권이라고도 합니다. 이에 대해 영업이익을 늘리려 편법을 동원한 것이라는 비판이 일었습니다. 그러나 반론도 있었습니다. 의약품을 유통하는 회사에서 판권을 파는 행위는 영업활동과 무관하다고 보기 어렵고, 특히 셀트리온헬스케어는 해외에서 독점 판매권을 유통사에 넘겨 사용료를 받고 있기에 영업활동과 직접 관련이 있다는 주장입니다.

위 기사는 이어서 바이오기업 외부감사에 정통한 한 회계사의 언급이라며 “셀트리온헬스케어는 셀트리온으로부터 의약품을 매입하고 이를 전 세계 유통사를 통해 판매하고 있는 회사”로 “사업 목적이 의약품 유통 및 판권 판매이기 때문에 셀트리온에 넘긴 판매권 계약 역시 당연히 매출에 해당하는 영업수익으로 인식하는 것이 맞는 회계 처리로 보인다”고 전하기도 했습니다.

영업수익과 영업외수익

수익은 영업수익과 영업외수익으로 구분합니다. 영업활동에 따른 수익이 영업수익이고 영업수익이 아닌 수익이 영업외수익입니다. 그리고 매출액은 영업수익의 대표적인 유형에 해당합니다.

매출액

회사는 물건을 판매합니다. 물건 판매를 매출이라고 합니다. 매출이 발생하면 돈을 받을 권리가 생기고 곧이어 현금이 들어옵니다. 이 돈을 매출액이라고 합니다. 그리고 매출액을 받을 권리를 매출채권이라고 합니다. 예를 들어 물건 1개를 1,000원에 고객에게 팔았다면 매출액 1,000원이 발생하고 매출채권 1,000원이 존재하게 됩니다.

매출의 회계처리

매출액이 발생하면 매출채권이 증가합니다. 매출액은 수익입니다. 따라서 매출액은 대변에 옵니다. 그리고 매출채권은 자산입니다. 따라서 매출채권의 증가는 차변에 옵니다. 정리하면 매출액은 물건을 판매하여 회사에 들어올 현금을 처리하는 수익 계정과목이고 매출채권은 매출로 인해 미래에 현금으로 회수할 금액이 얼마인지를 보여주는 자산 계정과목입니다.

물건을 1,000원에 판매한 경우 다음과 같이 회계처리합니다.

〈회계처리〉 물건의 판매

차변		대변	
계정	금액	계정	금액
자산(매출채권)	1,000	수익(매출액)	1,000

이 회계처리는 '매출액(수익)'이 발생하여 '매출채권(자산)'이 증가하였음을 보여줍니다. 물건값 1,000원이 현금으로 회수되면 다음과 같이 회계처리합니다.

이 회계처리는 매출채권(자산)이 회수되어 현금이 증가하였음을 보여줍니다. 이 회계처리를 하고 나면 매출액이 발생하여 증가하였

〈회계처리〉 매출채권의 회수

차변		대변	
계정	금액	계정	금액
현금	1,000	자산(매출채권)	1,000

던 매출채권 1,000원이 현금으로 전액 회수되어 기말 현재 매출채권 잔액은 0원이 됩니다.

매출액은 언제 회계처리하는가?

수익은 '미래에 현금 수입을 가져오는 사건'이 발생하고 '금액이 확정적'일 때 회계처리합니다. '금액이 확정적'이라는 말은 쉽게 이해가 됩니다. 그런데 '사건'이란 무엇을 의미할까요? 사건은 돈을 받을 권리를 말합니다. 따라서 수익은 돈을 받을 권리가 발생할 때 회계처리합니다. 그러면 고객에게 물건을 판매하는 경우 돈을 받을 권리는 언제 발생할까요? 물건을 고객에게 건네줄 때 돈을 받을 권리가 발생합니다. 이에 물건을 상대방에게 건네주었을 때 매출액을 회계처리합니다. 이를 '인도 기준에 따른 수익 인식'이라고 합니다.

쟁점

앞서 인용한 기사에서 언급한 논란의 쟁점은 셀트리온헬스케어가 셀트리온에 판매한 국내판매권 매각 대금이 매출액인지 영업외수익인지 여부입니다. 셀트리온헬스케어가 셀트리온에 매각한 국내판매권은 매출액일까요? 아니면 영업외수익일까요? 결론을 내리기 전에 셀트리온헬스케어가 국내판매권 매각 대금을 매출액으로 회계처리 한 이유는 무엇이었을까요? 이 기사에서 언급하고 있듯이 셀트리온 헬스케어는 아마도 영업이익을 크게 표시하고 싶었을 것입니다.

영업이익의 중요성

매출액에서 영업비용을 빼서 계산하는 영업이익은 회사의 영업 능력 또는 회사의 가치를 보여주는 중요한 이익지표입니다. 회사에서 매출액인지 영업외수익인지 판단하기 어려운 상황이라면 우선적으로 매출액으로 회계처리해야 하는 이유가 여기에 있습니다. 매출액으로 회계처리하면 영업이익이 증가합니다. 그러나 영업외수익으로 회계처리하면 영업이익을 증가시킬 수 없습니다. 영업외수익은 영업이익에 합산하지 않기 때문입니다.

결론

셀트리온헬스케어가 셀트리온에 매각한 국내판매권이 매출액에 해당하는지 여부를 따질 때 판단 기준은 셀트리온헬스케어가 국내판매권을 셀트리온에 판매한 것이 셀트리온헬스케어의 영업활동에 해당하는지 여부입니다. 영업활동에 해당하면 매출액이 맞습니다.

그러면 어떤 사업이 영업활동인지의 여부는 어떤 기준으로 판단할까요? 어떤 사업이 영업활동인지 아닌지는 회사의 헌법과 같은 규정인 정관을 보고 결정하는 경우가 많습니다. 정관에는 회사가 수행할 사업의 내용이 기재되어 있기 때문입니다.

영업수익인지 또는 영업외수익인지가 문제가 되는 경우는 대부분 정관에 열거되지 않은 사업에서 수익이 발생할 때입니다. 수익이 회사가 수행할 사업의 내용에서 발생한 것이면 영업수익으로, 그렇지 않으면 영업외수익으로 봅니다. 하지만 정관에 열거된 사업에서 발생한 수익이라는 이유로 무조건 영업수익으로 보는 것도 아닙니다. 일시적인 사업에서 일시적으로 수익이 발생하는 등 여러 정황으로 볼 때 회사가 계속적으로 수행하는 사업에서 발생한 수익이 아니라고 판단될 때는 영업수익으로 보지 않습니다.

금융감독원은 정관을 비롯한 여러 증거와 정황 등을 검토하고 셀트리온헬스케어의 국내판매권 매각 대금은 매출액이 아닌 영업외수익이라고 결론을 내렸습니다.

〈핵심 정리〉 영업수익

구분	내용
영업이익의 중요성	회사의 영업능력, 회사의 가치를 보여주는 중요한 이익지표
수익회계처리 시점	물건을 건네주는 등 미래에 현금 수입을 가져오는 사건이 발생하고 금액이 확정적일 때
영업수익과 영업외수익의 구분	회사가 계속적으로 수행하는 사업에서 발생한 수익은 영업수익, 그렇지 않은 수익은 영업외수익

루카 선생과 레오나르도 다빈치

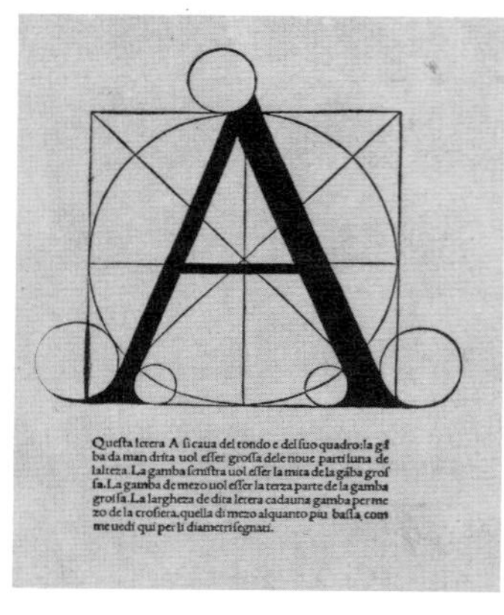

《신성비례론》의 다빈치 삽화

레오나르도 다빈치는 모나리자로 우리에게 친숙합니다. 그는 복식부기의 아버지라 불리는 수학자 루카 파촐리와 같은 시대를 살았습니다. 그는 루카 파촐리가 1494년에 지은 《산술, 기하, 비율 및 비례 총람》을 '루카 선생의 산술서'라고 부르며 탐독했습니다. 이후 두 사람은 밀라노에서 1496년에 만나 가까워집니다. 그는 루카 파촐리로부터 습득한 원근법, 비율 등의 수학 지식을 자신의 그림에 적용하기도 하였고, 루카 파촐리가 쓴 〈신성비례론〉에 들어갈 삽화를 제공하기도 하였습니다. 레오나르도 다빈치가 다른 사람의 책을 위해 그림을 제공한 건 이때가 유일하다고 합니다.

최근 다빈치의 그림으로 알려진 〈살바토르 문디〉(구세주 예수의 초상화)가 2020년 6월 미국 뉴욕의 크리스티 경매장에서 미술 작품 역사상 가장 높은 가격인 4억 5,030만 달러에 낙찰되어 전 세계적으로 커다란 화제를 불러일으키기도 했습니다.

12
진행기준

금융당국이 수조 원대 분식회계를 한 대우조선해양에 45억여 원의 과징금을 부과했다. 대우조선해양은 2008년부터 2016년 3월까지 총 공사예정원가를 축소·조작해 공사 진행률을 과대 산정하는 등의 방법으로 매출액과 매출원가, 관련 자산·부채를 부풀리거나 축소했다. 이에 따라 9년간 누적 기준으로 7조 7000억 원 규모를 분식회계 처리했다는 게 금융당국의 결론이다. — 《경향신문》, 2017.2.24.

2016년, 선박을 만드는 조선사인 대우조선해양에서 분식회계 의혹이 불거졌습니다. 대우조선해양이 '총공사예정원가'를 축소하여 매출액을 부풀렸다는 내용이었습니다. 총공사예정원가란 조선사에서 배를 건조하는 데 예상되는 총원가나 건설회사에서 건물을 짓는 데 예상되는 총원가를 말합니다.

인도기준과 조선사, 건설회사

조선사와 건설회사에서 1척의 선박이나 1동의 건물을 만드는 데 보통 2~3년의 기간이 소요됩니다. 그동안 이들 회사는 고객사로부터 계약금, 중도금 등의 명목으로 여러 차례에 걸쳐 현금을 받습니다. 그런데 조선사나 건설회사에서 물건을 판매하는 제조회사와 같이 인도 기준에 따라 매출액을 회계처리하면 선박 또는 건물을 완공하여 인도할 때까지 2~3년 동안 회사에 들어온 계약금, 중도금 등을 매출액으로 회계처리할 수 없게 됩니다. 이에 조선사와 건설회사는 진행기준이라는 새로운 적용 방식을 만들어냈습니다.

진행기준

선박 또는 건물의 제작이 계속되고 있는 상황을 '진행'이라 하고 그 제작된 정도를 '진행률'이라 하여 그 매출액을 '총계약금액×진행률'로 정하고 이를 기준으로 회계처리하는 방식을 진행기준이라 합니다. 진행률은 '실제투입원가÷총예정원가'로 계산합니다. 이렇게 하면 선박 또는 건물을 제작하기 위해 예정된 총원가 대비 실제 투입한 원가의 비율만큼 매출액을 계산하여 회계처리할 수 있습니다. 매출원가는 실제 투입한 원가를 그대로 비용으로 사용하면 됩니다. 이제 조선사 또는 건설회사는 선박 또는 건물을 제작하기 시작한 연도부터 매출액을 회계처리할 수 있게 되었습니다. 그리고 이 방법을 사

대우조선해양 작업장 전경(출처: 대우조선해양 홈페이지)

용하니 매출액과 매출원가의 비율 역시 선박 또는 건물을 제조하는 2~3년 동안 균등하게 되어 합리적인 것처럼 보였습니다.

사례

예를 들어 총계약금액 100억 원, 총예정원가 80억 원, 실제 투입원가 20억 원, 계약금 30억 원인 선박 제작 계약의 매출액을 진행기준으로 계산하여 회계처리를 해보겠습니다. 먼저 공사진행률을 구합니다. 실제 투입원가 20억 원을 총예정원가 80억 원으로 나누면 공사진행률은 25%가 됩니다. 매출액은 총계약금액에 공사진행률을 곱하여 계산합니다. 매출액은 25억 원(=100억 원×25%)이 됩니다. 그리고 매출액의 회계처리는 다음과 같이 합니다.

〈회계처리〉 진행기준에 의한 매출액의 발생

차변		대변	
계정	금액	계정	금액
자산(매출채권)	25억 원	수익(매출)	25억 원

조선사가 고객사로부터 받은 계약금 30억 원은 어떻게 회계처리 할까요? 30억 원 중 25억 원은 매출채권을 회수하는 것으로 회계처리하고 25억 원을 초과하여 받은 5억 원은 '미리 받은 돈'이라는 뜻인 선수금이라는 부채 계정과목으로 회계처리 합니다.

〈회계처리〉 현금 수입

차변		대변	
계정	금액	계정	금액
현금	30억 원	자산(매출채권)	25억 원
		부채(선수금)	5억 원
합계	30억 원	합계	30억 원

대우조선해양의 진행률 조작

이처럼 진행기준으로 매출액을 계산하기 위해서는 총계약금액, 총예정원가, 실제발생원가 등 세 가지를 확정해야 합니다. 다행스럽게도 총계약금액과 실제발생원가는 고객과 체결한 계약서와 현금이 이미 지출된 것이기에 객관적으로 확인할 수 있습니다. 문제는 총예정원가입니다. 총예정원가는 객관적으로 확인되지 않는 미래의 추정치입니다. 이는 회사에서 매출액이 '총계약금액×진행률'로 계산되고 진행률은 '실제발생원가÷총예정원가'로 계산되는 점을 이용하여 마음만 먹으면 미래의 추정치인 총예정원가를 줄여 진행률을 높이고 결국 매출액을 높일 수 있음을 의미합니다. 대우조선해양은 진행률을 이러한 방법으로 조작한 것 같습니다. 사실 총예정원가를 합리적 추정치보다 낮게 결정하여 진행률과 매출액을 늘리는 것은 조선사나 건설회사에서 흔히 사용되는 분식회계 방법입니다.

진행률을 조작하는 또 다른 방법

조선사와 건설회사는 여러 척의 배 또는 건물을 동시에 제작하는 점을 이용하여 진행률을 조작하기도 합니다. 어느 조선사가 선박 A와 선박 B, 두 척을 다음의 표와 같은 조건으로 건조 중에 있다고 가정하고 이를 설명해 보겠습니다.

〈표〉 진행률 조작 방법 1

구분	선박 A	선박 B	합계
총계약금액	120억 원	200억 원	320억 원
총예정원가	100억 원	150억 원	250억 원
총예상이익	20억 원	50억 원	70억 원
총예상이익율	17%	25%	-
실제발생원가	20억 원	30억 원	50억 원
진행률=실제발생원가÷총예정원가	20%	20%	-
매출액=총계약금액×진행률	24억 원	40억 원	64억 원

위 표를 보면 선박 A의 총예상이익률은 17%이고 선박 B의 예상이익율은 25%입니다. 여기에서 총예상이익율이 낮은 선박 A에 투입한 원가 20억 원을 총예상이익율이 높은 선박 B에 투입한 것으로 변경하면 다음의 표와 같이 됩니다.

이렇게 하면 앞의 경우보다 3억 원을 매출액으로 더 많게 회계처리 할 수 있습니다.

〈표〉 진행률 조작 방법 2

구분	선박 A	선박 B	합계
총계약금액	120억 원	200억 원	320억 원
총예정원가	100억 원	150억 원	250억 원
총예상이익	20억 원	50억 원	70억 원
총예상이익율	17%	25%	-
실제발생원가	-	50억 원	50억 원
진행률=실제발생원가÷총예정원가	-	33.33%	-
매출액=총계약금액×진행률	-	67억 원	67억 원

〈핵심 정리〉 진행기준

선박 또는 건물의 제작이 계속되고 있는 상황을 '진행'이라 하고 선박 또는 건물이 제작되고 있는 정도를 '진행률'이라 하여 그 매출액을 '총계약금액×진행률'로 정하고 이를 기준으로 회계처리하는 방식

재미있는 회계 상식

부가가치세

자주 있는 일은 아니지만, 고급 음식점에서 메뉴판에 쓰여 있는 가격에 10%를 더해 지불해야 하는 경우를 만납니다. 계산대 앞에서 문제를 제기하면 하단에 작은 글씨로 '부가가치세 10%가 추가됨' 또는 '부가가치세 10% 미포함'이라고 적힌 문구를 보여주곤 합니다.

부가가치세는 부가된, 즉 증가한 가치에 부과하는 세금입니다. 사업자는 자신의 물건 또는 서비스를 남에게 제공하고 받는 금액의 10%를 부가가치세로 받습니다. 이처럼 사업자가 남에게 물건과 서비스를 제공하고 징수하는 부가가치세를 '부가가치세 매출세액'이라고 합니다. 마찬가지로 사업자는 다른 사업자로부터 물건 또는 서비스를 매입할 때 그 금액의 10%를 부가가치세로 공급자에게 추가 지급합니다. 이것을 '부가가치세 매입세액'이라고 합니다.

사업자는 부가가치세 매출세액에서 부가가치세 매입세액을 차감한 금액을 정부에 납부합니다. 예를 들어 상품을 1,000원에 구매하여 이를 1,500원에 판매하는 도매업을 영위하는 사업자는 1,500원의 10%인 150원을 고객에게 받아 자신이 1,000원에 매입한 매입처에 그 10%에 해당하는 100원을 부가가치세로 부담하고 자신이 받은 부가가치세 150원과 매입처에 지급한 100원의 차액인 50원을 정부에 납부합니다.

13
대손충당금

은행권을 향한 대손충당금 확대 압박 수위가 높아지고 있다. 전문가들은 은행이 대손충당금을 많이 쌓아야 한다면, 배당금 확대와 같은 금융지주사들이 추진하는 주주 환원 정책에도 영향이 있을 것으로 봤다. 지난해 역대급 실적을 거둔 금융지주들이 잇따라 분기 배당을 정례화하고 자사주 매입 및 소각 등 주가 부양책을 발표했는데, 충당금 추가 적립에 따른 비용 증가로 배당 확대가 쉽지 않을 수 있다. 최근 금감원장은 시중은행들에 자사주 매입과 배당 등에 대해 신중하라고 당부하기도 했다. — 《조선비즈》, 2022.5.13.

금융감독원이 은행에서 대손충당금을 더 많이 회계처리하도록 유도한다는 기사입니다. 지금까지는 미래에 받지 못할 것으로 예상되는 금액인 대손충당금을 추정할 때 거래처의 과거 부도율을 주로 고려했는데 앞으로는 미래의 부도 위험도 추정하여 반영하겠다는 내용입니다.

이에 대해 은행업계에서는 지난 2년간 코로나 상황을 고려해 보수적으로 충당금을 쌓아왔다고 하며 반대하고 있다고 합니다. 회계에서 '보수적'이라는 표현은 '비용은 많게, 수익은 적게 발생하도록 회계처리한다'는 의미입니다. 은행업계에서는 그동안 대손충당금을 많이 회계처리하여 그만큼 이익을 줄여왔는데 금융감독원에서 이보다 더 대손충당금을 회계처리하라니 반발하는 것입니다.

한편 이 기사는 '대손충당금은 대출 손실에 대비해 미리 쌓아놓는 적립금'이라며 대손충당금을 마치 외부에 지출하는 현금인 것처럼 설명하고 있습니다. 하지만 대손충당금은 대출금액 중 얼마의 금액을 받지 못할 것인지를 재무제표에 표시하는 숫자일 뿐입니다. 미래에 지출할 현금이 아니라 미래에 받지 못할 예상 금액입니다.

충당금을 많이 회계처리하면 비용이 늘고 그만큼 당기순이익은 줄어듭니다. 당기순이익이 줄면 당기순이익을 고려하여 계산되는 배당가능이익이 줄어듭니다. 무엇보다 배당의 명분이 약해집니다.

수취채권

은행이 고객에게 빌려준 대출금과 같이 미래에 현금을 받을 수 있는 권리를 '수취채권'이라고 합니다. 수취채권에는 대출금 이외에도 매출채권, 선급금, 미수금 등이 있습니다. 매출채권은 대표적인 수취채권입니다. 물건을 판매하고 돈을 청구할 수 있는 권리가 매출채권입니다. 원재료 등을 매입하기로 하고 지급한 선급금도 수취채권입니다. 원재료 등을 건네주지 아니하였을 때 돈을 돌려달라고 요구할 수 있기 때문입니다.

건물을 매각하고 현금을 회수하지 못한 미수금, 현금을 대여해주고 아직 돌려받지 못한 대여금, 사무실을 임차하면서 지급한 임차보증금도 마찬가지로 수취채권입니다.

대손

수취채권은 현금으로 회수되어야 합니다. 하지만 그렇지 못한 경우가 종종 발생합니다. 이때 '대손이 발생했다'고 합니다. 대손은 '매출채권 또는 대여금을 회수하지 못해 손해를 본다'는 뜻입니다.

회사는 남아 있는 수취채권이 미래에 현금으로 100% 회수될 수 있는지를 검토합니다. 만일 그렇지 못하다고 판단하면 회수하기 어려운 금액을 산정합니다. 이 회수하기 어렵다고 예상되는 금액을 '대손추산액'이라고 합니다.

대손 회계처리

01년 1월 1일, 거래처에 1,000원을 매출하여 매출채권 1,000원이 있었는데 거래처가 부도를 내 이 중 900원을 받지 못하게 된 경우입니다. 회사는 거래처로부터 1,000원의 매출채권 중 100원만 받을 수 있을 듯합니다. 그런데 회사의 장부에는 매출채권이 1,000원으로 표시되어 있습니다. 그렇다면 매출채권에서 900원을 감소시켜 매출채권을 100원으로 조정하여야 합니다. 이때 감소시켜야 하는 900원을 '대손충당금'이라고 합니다. 대손충당금은 '대손으로 인해 채워야 할 금액'이라는 뜻입니다.

대손충당금은 수취채권 금액 가운데 회수가 불가능한 금액이 얼마인지를 보여주는 부채 계정과목입니다. 대손충당금을 대변에 회계처리 할 때 차변에는 '대손상각비'라는 비용 계정과목이 옵니다. 대손상각비는 '대손으로 인하여 발생한 손해'라는 뜻입니다. 현금의 지출이 없는 비용인 대손상각비가 발생하면 부채인 대손충당금이 증가합니다. 매출채권 1,000원에 900원의 대손추산액이 예상되는 경우 회계처리는 다음과 같이 합니다.

〈회계처리〉 대손추산액의 반영

차변		대변	
계정	금액	계정	금액
비용(대손상각비)	900	부채(대손충당금)	900

〈핵심 정리〉 대손충당금, 손실충당금

- 수취채권: 현금을 받을 수 있는 권리, 매출채권, 선급금, 미수금 등
- 대손: 수취채권을 현금으로 회수할 수 없는 상태
- 대손충당금, 손실충당금: 수취채권 금액 가운데 회수가 불가능한 금액이 얼마인지 보여주는 부채 계정과목
- 대손상각비 : 대손충당금과 함께 처리하는 비용 계정과목

재미있는 회계 상식

인류 최고의 문자 기록, 회계

메소포타미아 문명의 발상지인 이라크의 우르 신전에서 기원전 3400~3000년경 만들어진 것으로 보이는 점토판이 발견되었습니다. 현존하는 인류 최고의 문자 기록물입니다. 이 점토판에는 사람의 이름으로 추정되는 '쿠심(Kushim)'이라는 글자가 있습니다. 그래서 이를 쿠심 점토판이라 부릅니다. 학자들의 연구에 따르면 이 점토판에 새겨진 문자의 내용은 29,086자루, 13만 5,000리터의 보리와 37개월 등이라고 합니다. 인류가 문자로 처음 기록한 내용은 아마도 회계장부였던 것 같습니다.

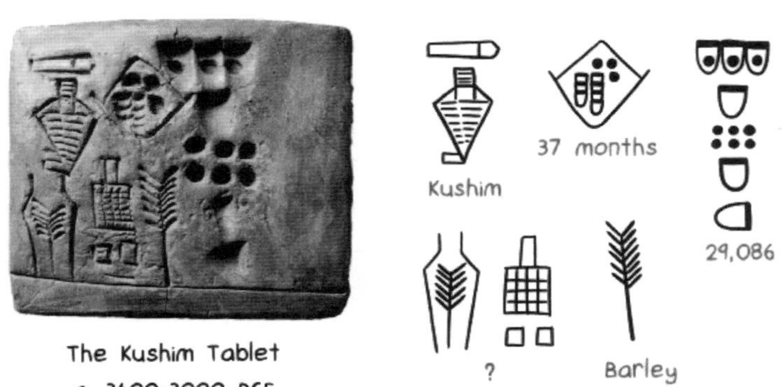

쿠심 점토판의 상형 문자(출처: 사이언스미닷컴)

14
재고자산, 매출원가

수원지법 파산2부는 가전업체 모뉴엘에 대해 파산을 선고했다. 앞서 서울중앙지검 외사부는 박 대표와 신 모 부사장, 강 모 재무이사 등 임원 3명을 관세법 위반 등 혐의로 구속 기소했다. 이들은 지난 2009년 1월부터 지난 7월까지 홈씨어터 PC의 가격을 부풀리는 수법 등으로 1조 2천억 원의 허위 수출입 신고를 한 혐의를 받고 있다.

—《매일경제》, 2014.12.11.

모뉴엘은 홈씨어터 등 가전제품을 생산하는 회사였습니다. 설립 초기부터 기술력과 혁신적인 아이디어로 매출이 급성장하였고 2013년에는 '매출액 1조 원 클럽'에 가입까지 한 촉망받는 중소기업이었

모뉴엘의 '희대의 회계 사기극'으로 금융권이 큰 손실을 보았다.

습니다. 마이크로소프트(MS) 창업자 빌 게이츠가 2007년 세계가전 박람회(CES)에서 이 회사를 주목할 회사로 소개했다는 소문이 돌기도 했었습니다. 중소기업청은 '히든 챔피언'이라고 치켜세웠습니다. 국내 언론들은 빌 게이츠의 발언을 언급하며 '해외에서 더 인정받는 기업'이라고 칭찬했습니다.

그런데 놀랍게도 매출액 1조 원 달성이 허위 매출, 허위 재고자산 등 분식회계의 결과였다는 사실이 밝혀졌습니다. 2014년 이 회사는 결국 파산하였습니다.

모뉴엘은 판매가격을 터무니없이 높게 기록하고 공장의 빈 박스를 이용해 존재하지 않는 재고자산을 있는 것처럼 조작했습니다. 회계감사인의 눈을 속이기 위해 창고에서 사람들의 눈에 잘 보이는 곳에는 실제 홈시어터들을 전시하였습니다. 창고 깊숙한 안쪽에는 제품이 있는 것처럼 포장한 빈 박스를 모아두었습니다. 대당 1만 원짜리 홈시어터를 대당 250만 원의 가치가 있는 상품이라고 속이기도 했습니다. 모뉴엘 사태가 희대의 회계 사기극이라 불리는 이유입니다.

모뉴엘은 아마도 매입전표, 원가계산 절차를 조작하여 1만 원짜리 재고자산을 250만 원짜리로 조작하였을 것입니다. 그리고 재고자산을 비용인 매출원가로 대체하는 회계처리를 하지 않았을 것입니다. 그래서 재무상태표에는 재고자산의 금액이 과장되게 기록되어 있고 손익계산서에서는 비용이 반영되지 않았을 것입니다.

제조원가

회사에서는 재료를 매입하여 제품을 제조하여 판매합니다. 회계에서는 원재료를 매입하는 등 제품을 완성할 때까지 지출한 현금을 비용으로 보지 않습니다. 현금을 지출했는데 이를 비용으로 보지 않으면 무엇으로 볼까요? 자산으로 봅니다. 그리고 이렇게 제품을 제조하는데 사용된 현금을 '제조원가'라고 합니다.

〈제조원가와 비용〉

제조원가	비용
제품을 제조하거나 상품을 매입하기 위해 지출한 현금, 자산으로 회계처리	자산으로 회계처리하지 못하는 현금 지출

제조원가는 제품을 제조하는 데 투입된 현금을 모아두는 자산 계정과목입니다. 제조원가에 쓰인 '원가'라는 표현은 제품을 제조하거

나 상품을 매입하기 위해 지출한 현금을 뜻합니다.

제품이 완성되면 제조원가의 계정과목 명칭은 제품으로 바뀝니다. 이렇게 완성된 제품은 '재고자산'으로 분류합니다. '재고'라는 단어에는 '제조, 판매를 위하여'라는 의미가 있습니다. 이에 재고자산에는 판매하기 위하여 매입한 상품, 제품을 제조하기 위하여 매입한 원재료도 포함됩니다. 물론 제조원가도 재고자산 중 하나입니다.

매출원가

제품이 판매되면 자산으로 이미 회계처리되었던 제품을 비용으로 바꾸어줍니다. 이때 차변에 있던 제품을 대신하여 차변에 사용할 비용 계정과목이 '매출원가'입니다. 만일 제품이 완성되었지만 오래되고 고장이 나서 그 제품을 버렸다면 매출원가 계정과목을 사용하지 않고 '폐기손실'과 같은 다른 비용 계정과목을 사용합니다.

제조과정 회계처리 예시

원재료를 매입하여 생산과정에 투입하고 제품을 완성하여 판매하는 각 과정의 회계처리입니다.

• 먼저 원재료를 100원에 매입한 경우입니다.

〈회계처리〉 원재료의 매입

차변		대변	
계정	금액	계정	금액
자산(원재료)	100	현금	100

• 원재료 100원을 생산과정에 투입한 경우의 회계처리입니다. 이로써 원재료는 장부에서 제거되고 제조원가가 장부에 기록됩니다.

〈회계처리〉 원재료의 투입

차변		대변	
계정	금액	계정	금액
자산(제조원가)	100	자산(원재료)	100

• 제품이 완성된 경우의 회계처리입니다. 이 회계처리로 제조원가는 장부에서 제거되고 제품이 장부에 기록됩니다.

〈회계처리〉 제품의 완성

차변		대변	
계정	금액	계정	금액
자산(제품)	100	자산(제조원가)	100

• 제품이 판매된 경우의 회계처리입니다. 이 회계처리로 그동안 자산으로 관리해오던 재고자산이 매출원가라는 비용이 됩니다.

〈회계처리〉 매출원가의 발생

차변		대변	
계정	금액	계정	금액
비용(매출원가)	100	자산(제품)	100

다양한 원가계산 방식

회사는 결산을 하면서 재고자산의 단가를 결정합니다. 이 재고자산의 단위별 가격인 단가를 계산하는 것을 '원가계산'이라고 합니다. 원가계산 방법에는 개별법, 총평균법, 이동평균법, 선입선출법, 후입선출법 등이 있습니다.

상품 및 원재료의 입고 수량, 입고 단가, 출고 수량, 출고 단가를 개별적으로 파악하고 있다면 결산일 현재 남아 있는 재고자산 각각의 매입단가도 쉽게 파악할 수 있을 것입니다. 그런데 대부분의 회사들은 재고자산의 입·출고가 너무도 빈번하게 이루어져 결산일 현재 남아 있는 재고자산의 개별적인 매입단가를 파악하기가 쉬운 일이 아닙니다. 이에 회계에서는 결산일 현재 남아 있는 재고자산을 '회계기간 중 골고루 매입한 재고자산이다' 또는 '회계기간 기초에 매입한 재고자산이다' 또는 '회계기간 기말에 매입한 재고자산이다'와 같이 인위적으로 가정합니다.

이와 같이 결산일 현재 남아 있는 재고자산의 매입 시기를 실제 매입 시기와 무관하게 가정하는 것을 '물량 흐름의 가정'이라고 합니다. 이 물량의 흐름을 어떻게 가정하느냐에 따라 재고자산의 단가를 결정하는 방식이 결정되는데, 바로 총평균법, 이동평균법, 선입선출법, 후입선출법으로 구분됩니다. 한편 이러한 '물량 흐름의 가정' 없이 재고자산 각각의 매입단가를 개별적으로 파악하는 방식을 '개별법'이라고 부릅니다.

원가계산과 당기순이익

원가계산 방식을 변경하여 당기순이익을 조정할 수도 있습니다. 인플레이션의 영향으로 상품의 가격이 지속적으로 상승하고 있는 경우를 가정합니다. 선입선출법을 적용하고 있다면 결산일 현재 재고자산은 비싸게 매입한 것들로 구성되기에 재고자산의 금액은 비교적 높게 계산될 것입니다. 반면 후입선출법을 적용하고 있다면 결산일 현재 재고자산은 조금은 싸게 매입한 것들로 구성되기에 재고자산의 금액은 상대적으로 낮게 계산됩니다.

한편 재고자산의 금액이 올라가면 비용인 매출원가의 금액은 낮아지고 이에 당기순이익은 증가합니다. 그렇다면 회사는 매 회계연도마다 원가계산 방법을 바꾸어가며 당기순이익을 많이 가져다주는 방법으로 원가계산을 하고 싶지 않을까요? 그런 이유로 회계기준은 원가계산 방식을 한 번 채택하면 특별한 사정이 없는 한 계속해서 적용하도록 하고 있습니다.

〈핵심 정리〉 원가, 재고자산, 매출원가

- 원가: 제품을 제조하거나 상품을 매입하기 위해 지출한 현금
- 재고자산: 제품을 제조하는데 투입된 현금을 처리하는 자산 계정과목
- 매출원가: 자산인 제품이 판매되었을 때 제품을 대신하는 비용 계정과목

재미있는 회계 상식

흑자도산

코로나가 국내에서 발생한 지 3개월 만인 2020년 3월, 정부는 비상경제회의를 개최하고 긴급구호자금을 투입하기로 결정했습니다. 대통령은 이 회의에서 '일시적 자금 부족으로 인한 흑자도산'을 막겠다고 밝혔습니다.

흑자도산에서 '흑자'는 직역하면 검은색 글자라는 뜻입니다. 수익이 비용을 초과하여 이익이 났을 때 쓰는 표현입니다. 흑자와 반대의 의미로 '적자'라는 단어를 쓰기도 합니다. '적자'는 빨간색 글자라는 뜻입니다. 비용이 수익을 초과하여 손실이 났을 때 쓰는 표현입니다. '도산'이라는 말은 파산과 같은 의미로 기업이 차입금 등 부채를 갚을 현금이 없어 망하는 것입니다.

대통령이 언급한 흑자도산은 이익이 나는 회사가 현금이 없어 망하는 것입니다. 보통은 일시적인 자금난으로 인해 발생합니다. 그런데 흑자는 이익을 의미하는데 가지고 있는 현금이 없다고요? 이익이 나고 있는 기업이 망한다고요? 앞뒤가 맞지 않는 느낌입니다. 하지만 이익이 많은 회사도 현금이 없어 망하는 경우가 종종 있습니다.

15
재고자산평가손실

동작구는 냉장고에 보관 중인 식재료 중 못 먹게 되어 버려지는 음식물쓰레기의 양이 전체 음식물쓰레기의 9%에 달하며 연간 3000여 톤의 식재료가 음식물 쓰레기로 버려지고 있다고 밝혔다. 구 관계자는 "보관 중 버려지는 음식물쓰레기만 줄여도 연간 3억 7000여만 원의 처리비 예산을 절감할 수 있다"고 말했다.

—《아시아경제》, 2015.5.22.

서울특별시 동작구에서 매월 25일을 '냉장고 정리의 날'로 지정하고 식품명, 구입일, 냉장고 관리수칙, 음식물쓰레기 자가진단표, 음식물쓰레기 분리배출 기준 등이 적힌 냉장고 수납목록표를 제작하여 전 세대에 배부하기로 했다고 합니다. 이는 냉장고에 보관하다가 버리는 음식물의 양이 전체 음식물쓰레기의 9%, 연간 3,000여 톤에 이르고 있어 이를 조금이라도 줄여보려는 조치로 보입니다. 2015년 내용이지만 지금도 여전히 많은 사람들이 음식물을 냉장고에 보관만 하다가 그대로 쓰레기통으로 보내고 있을 겁니다.

이 기사는 동작구의 이러한 조치로 음식물쓰레기 처리비를 연간 3억 7천만 원 정도는 줄일 수 있다고 전하고 있습니다.

그런데 냉장고에 보관만 하다가 그대로 버려지는 음식물을 사는 데 지출한 우리의 현금은 대체 얼마나 될까요? 이는 분명 회계에서 이야기하는 자산이 아닌 비용인데요. 우리는 한 달에 이러한 비용을 얼마나 회계처리하고 있을까요?

재고자산평가손실

요즘은 최신 사양의 전자제품도 얼마 지나지 않아 구식이 됩니다. 구식이 된 제품을 자산으로 보유하고 있는 회사는 골치가 아픕니다. 떨이라도 내다 팔아야 합니다. 그래도 팔리지 않은 구식 제품이 있다면 '재고자산의 평가' 과정을 거쳐 낮아진 금액을 재고자산의 장부에서 제거해야 합니다. 이때 사용하는 비용 계정과목이 '재고자산평가손실'입니다.

재고자산평가손실은 재고자산의 감소한 가치를 비용으로 처리하기 위해 차변에 사용하는 비용 계정과목입니다. 재고자산평가손실이 차변에 발생하면 '재고자산평가충당금'이라는 부채가 대변에 증가합니다. 재고자산평가충당금은 재고자산에서 제거해야 하는 금액이 얼마인지를 보여주는 부채 계정과목입니다. '평가충당금'은 '평가한 결과 충당해야 하는 금액'이라는 뜻입니다. '충당'은 '모자라는 것을 채우다'라는 뜻입니다.

예를 들어 재고자산의 원가는 1,000원, 실제 가치는 700원으로 평가될 때 재고자산평가손실은 1,000원에서 700원을 차감한 300원이 됩니다. 재고자산평가손실은 비용이므로 차변에 기록하고 재고자산평가충당금은 부채이므로 대변에 기입합니다. 이를 회계처리하면 다음과 같습니다. 이 회계처리는 재고자산평가손실(비용)이 발생하여 재고자산평가충당금(부채)이 증가하였음을 보여줍니다.

〈회계처리〉 재고자산평가손실의 발생

차변		대변	
계정	금액	계정	금액
비용(재고자산평가손실)	300	부채(재고자산평가충당금)	300

차감하는 형식

재고자산평가충당금은 부채이지만 재무상태표에는 '재고자산에서 차감하는 형식'으로 표시합니다. '차감하는 형식'이란 자산 또는 부채의 계정과목 바로 밑에 평가충당금 계정과목과 그 금액을 음수(−)로 보여주는 방법입니다. 예를 들어 매입원가가 1,000원인 제품에 재고자산평가충당금이 300원 예상된다면 다음과 같이 재무상태표를 작성합니다. 여기서 제품의 취득가액 1,000원에서 재고자산평가충당금 300원을 차감한 가액 700원을 '장부가액'이라고 합니다.

〈재무상태표 표시〉 재고자산과 재고자산평가충당금

자산(재고자산－제품)	1,000
재고자산평가충당금	-300

이와 같이 재무상태표를 보여줄 때 자산 또는 부채에서 차감하는 형식으로 작성하는 이유는 총 자산 또는 총 부채의 금액은 얼마인데 그중 얼마는 수입할 수 없거나 지출할 필요가 없다는 것을 모두 보여주기 위해서입니다. 재고자산 이외에도 수취채권, 유형자산도 자산의 총 금액과 평가충당금 등 차감하는 부채 계정의 금액을 모두 보여줍니다. 부채는 퇴직급여충당부채와 회사채의 경우 관련되는 자산을 차감하는 형식으로 보여줍니다.

〈표〉 차감하는 형식으로 보여주는 재무상태표 계정과목

구분			차감하는 계정과목
자산	수취채권	매출채권, 미수금, 대여금, 보증금 등	대손충당금, 손실충당금
	재고자산	제품·상품, 원재료 등	평가충당금
	유형자산	건물, 기계장치, 공구 등	감가상각누계액, 손상차손누계액
부채	퇴직급여충당부채	-	퇴직연금운용자산
	회사채	-	사채할인발행차금, 현재가치할인차금

재미있는 회계 상식

기간배분

'기간배분'은 발생주의 회계가 만들어낸 개념으로 수익 또는 비용을 일정 기간에 나누어 회계처리하는 것을 말합니다. 회사가 공장을 3년간 임차하면서 총 3천 6백만 원을 계약일에 지급했다면, 지출한 현금을 자산으로 회계처리했다가 임차 기간인 3년 동안에 나누어 비용으로 회계처리합니다. 3년간 공장을 사용하기 때문에 그 자산을 비용 처리하는 기간도 3년에 걸쳐 하는 것이 옳다는 논리입니다.

계약일에 지출한 현금 3천 6백만 원을 처리하는 자산 계정과목은 먼저 지급한 비용이라는 뜻의 '선급비용'을 사용합니다.

구분	차변		대변	
	계정	금액	계정	금액
계약일에 3천 6백만 원 지급	자산(선급비용)	3,600만 원	현금	3,600만 원
1년 후	비용(임차료)	1,200만 원	자산(선급비용)	1,200만 원
2년 후	비용(임차료)	1,200만 원	자산(선급비용)	1,200만 원
3년 후	비용(임차료)	1,200만 원	자산(선급비용)	1,200만 원

3년 후 공장의 임차 기간이 끝나면, 계약일에 자산으로 회계처리하여 3년 동안 자산으로 존재하던 선급비용 3천 6백만 원은 0원이 됩니다. 이와 같이 회계처리하는 것을 기간배분이라고 합니다.

16
인건비와 퇴직금

올리비아 커틀리 세계회계사연맹(IFAC) 회장은 … "그리스 디폴트 사태도 따지고 보면 회계에서 비롯된 것"이라며 "그리스는 복지 지출을 대폭 확대하면서도 현금주의 회계로 인해 국민들이 앞으로의 총부채를 즉시 인식하지 못했다"고 말했다. 발생주의는 현금주의와 상반된 개념으로, 현금의 수수와는 관계없이 수익은 실현됐을 때 인식하고, 비용은 발생했을 때 바로 인식하는 개념이다. 복지 지출이 미래 세금 부담으로 작용함에도 당장은 현금 지출이 없기 때문에 회계장부에서 이를 인식할 수 없었다는 얘기다. 커틀리 회장은 "회계의 중요성은 비단 자본시장에만 국한되는 것은 아니다"며 "국민 의사결정에도 회계는 매우 중요한 역할을 하고, 이에 대해 얼마나 존중해주는지가 그 나라 수준"이라고 덧붙였다. —《매일경제》, 2015.10.27.

2015년 6월 30일, 유럽의 그리스가 국제통화기금(IMF) 등 국제 채권단으로부터 빌렸던 15억 3천만 유로를 갚지 못했습니다. 국제통화기금 역사상 선진국 중 처음으로 IMF에 채무를 상환하지 못한 사태가 발생한 것입니다. 당시 국제회계사연맹(IFAC) 회장이었던 올리비아 커틀리는 2015년 우리나라를 방문한 자리에서 그리스의 국가부도 사태에 대하여 날카로운 지적을 하였습니다.

"그리스의 디폴트 사태도 따지고 보면 회계에서 비롯된 것입니다. 그리스는 복지 지출을 확대하면서 현금주의로 회계처리를 하였습니다. 국가의 향후 총부채를 제대로 계산하지 못한 것입니다."

그리스가 미래에 지급해야 하는 복지비용을 부채로 계산하지 아니한 채 실제 차입한 금액만을 부채로 반영한 데 대한 비판이었습니다.

퇴직금

회사에도 그리스의 복지비용과 비슷하게 지금 당장은 현금 지출을 안 해도 되지만 미래에 반드시 현금 지출을 해야만 하는 의무가 여럿 있습니다. 그중 대표적인 것이 직원이 1년 이상 근무하고 퇴직하는 경우에 직원에게 지급해야 하는 퇴직금입니다.

회사는 1년 이상 근무한 직원이 퇴직할 때에는 노동 관련 법 규정에 따라 퇴직금을 지급합니다. 퇴직금은 회사마다 다를 수 있습니다. 하지만 노동 관련 법은 최소한 직원이 퇴직할 당시의 월 급여에 근무연수를 곱하여 산정된 금액 이상을 지급하도록 하고 있습니다. 예를 들어 퇴직할 당시 월 급여가 3백만 원인 직원이 1년을 근무하고 퇴직하면 3백만 원이 최소 퇴직금이 됩니다.

퇴직금의 회계처리

직원은 언젠가 퇴직해야 합니다. 따라서 퇴직금은 지급될 가능성이 매우 높은 비용이라 할 수 있습니다. 또한 그 금액도 회사의 규정과 노동 관련 법 규정에 따라 충분히 추정 가능합니다. 이에 회사는 결산일 현재 퇴직금 지급 대상이 되는 모든 직원이 일시에 퇴직한다고 가정할 경우 지급해야 할 퇴직금 총액인 '퇴직급여추계액'을 '퇴직급여충당부채'라는 부채 계정과목으로 회계처리합니다.

퇴직급여충당부채는 '퇴직금을 위해 떼어놓은 금액'이라는 뜻입니다. 미래에 지급해야 하는 퇴직금이 총 얼마나 되는지를 보여줍니다. 예를 들어 결산일 현재 지급해야 할 퇴직급여추계액이 1,000원인 경우 다음과 같이 회계처리합니다. 이 회계처리는 현금의 지출이 없는 비용인 퇴직급여가 발생하였고 이에 따라 부채인 퇴직급여충당부채가 증가하였음을 보여줍니다.

〈회계처리〉 퇴직급여충당부채의 증가

차변		대변	
계정	금액	계정	금액
비용(퇴직급여)	1,000	부채(퇴직급여충당부채)	1,000

이후 실제 퇴직금을 현금으로 지급하면 퇴직급여충당부채를 차변에 위치시켜 퇴직급여충당부채를 감소시킵니다. 예를 들어 퇴직금으로 200원을 실제 지급한 경우 다음과 같이 회계처리합니다. 이 회계처리는 실제 퇴직금을 현금으로 지급하는 때에는 비용 회계처리가

없음을 보여줍니다. 이 회계처리를 하고 나면 퇴직급여충당부채의 잔액은 1,000원에서 200원을 차감한 800원이 됩니다.

〈회계처리〉 퇴직금의 지급

차변		대변	
계정	금액	계정	금액
부채(퇴직급여충당부채)	200	현금	200

다음 회계기간에 회사는 결산을 하면서 퇴직급여추계액을 다시 계산하고 이를 장부에 이미 기록되어 있는 퇴직급여충당부채 잔액과 비교합니다. 퇴직급여충당부채 잔액이 퇴직급여추계액보다 부족하다면 해당 금액만큼 퇴직급여충당부채를 증가시킵니다. 반대로 퇴직급여충당부채 잔액이 퇴직급여추계액보다 많다면 퇴직급여충당부채를 감소시킵니다. 이렇게 매 회계연도 결산일 현재 퇴직급여추계액과 퇴직급여충당부채의 잔액을 일치시킵니다.

예를 들어 다음 회계기간 결산일 현재 퇴직급여추계액은 1,200원이고 장부에 남아 있는 퇴직급여충당부채는 800원인 경우 다음과 같이 회계처리합니다.

〈회계처리〉 퇴직급여충당부채의 증가

차변		대변	
계정	금액	계정	금액
비용(퇴직급여)	400	부채(퇴직급여충당부채)	400

이 회계처리는 다음 회계연도 결산일 현재 퇴직급여추계액 1,200원에 맞추기 위해 400원을 추가로 퇴직급여와 퇴직급여충당부채로 회계처리했음을 보여줍니다. 이에 따라 결산일 현재 퇴직급여추계액과 퇴직급여충당부채 잔액은 일치하게 됩니다.

퇴직금의 예치

우리나라는 회사에서 매년 발생하는 퇴직금을 금융기관에 예치하도록 하여 퇴직금의 지급을 보장하는 퇴직연금제도를 운용합니다. 퇴직연금제도는 확정급여형과 확정기여형으로 구분합니다. 회사는 둘 중 하나를 선택하여 가입할 수 있습니다. 회사가 퇴직연금제도에 가입하고 직원의 퇴직금 전액을 금융기관에 납부하면 직원에 대한 회사의 퇴직금 지급의무는 없어집니다. 그러나 예치한 퇴직금이 실제 지급해야 할 퇴직금보다 적을 경우, 부족분은 회사가 부담합니다.

확정급여형(DB, Defined Benefit)은 직원이 실제로 퇴직할 때까지 금융기관에 예치한 퇴직금에 대한 소유권과 금융기관이 퇴직금을 운용하여 얻은 수익을 회사가 가집니다. 이에 금융기관에 예치한 확정급여형 퇴직금은 '퇴직연금운용자산'이라는 자산 계정과목으로 회계처리합니다. 예를 들어 확정급여형 퇴직연금제도에 가입하고 1,000

〈회계처리〉 확정급여형에서 퇴직금 예치

차변		대변	
계정	금액	계정	금액
자산(퇴직연금운용자산)	1,000	현금	1,000

원을 금융기관에 예치한 경우 다음과 같이 회계처리합니다.

이후 실제 퇴직연금운용자산에서 300원을 퇴직금으로 지급한 경우는 다음과 같이 회계처리합니다. 이 회계처리는 퇴직연금운용자산에서 300원을 퇴직금으로 지출하였기에 퇴직연금운용자산 금액이 감소하고 동시에 퇴직급여충당부채도 같은 금액이 감소함을 보여줍니다.

〈회계처리〉 퇴직연금운용자산의 감소

차변		대변	
계정	금액	계정	금액
부채(퇴직급여충당부채)	300	자산(퇴직연금운용자산)	300

확정급여형 퇴직연금제도에 가입한 회사에서는 결산일 현재의 퇴직급여추계액에 해당하는 금액을 금융기관에 전액 예치하였다 해도 회사의 퇴직금 지급의무는 계속 존재합니다. 금융기관에 예치한 퇴직금액의 소유권이 회사에 있기 때문입니다. 그래서 회사는 결산할 때 퇴직급여추계액만큼 퇴직급여충당부채를 회계처리합니다.

확정기여형(DC, Defined Contritubion)은 회사에서 퇴직금을 금융기관에 예치하면 해당 퇴직금은 회사가 아닌 직원이 소유권을 갖게 됩니다. 이에 확정기여형 제도를 채택한 회사에서 금융기관에 퇴직금을 현금으로 예치할 때에는 '퇴직급여'라는 비용 계정과목으로 회계처리합니다. 예를 들어 확정기여형 퇴직연금제도에 가입하고 1,000원을 금융기관에 예치한 경우 다음과 같이 회계처리합니다.

〈회계처리〉 확정기여형에서 퇴직금 예치

차변		대변	
계정	금액	계정	금액
비용(퇴직급여)	1,000	현금	1,000

확정기여형 퇴직연금제도에 가입한 회사가 결산일 현재의 퇴직급여추계액에 해당하는 금액을 금융기관에 전액 예치하면 회사의 퇴직금 지급의무는 모두 소멸됩니다. 이 경우 회사는 퇴직급여충당부채를 회계처리할 필요가 없습니다. 하지만 퇴직급여추계액보다 적은 금액을 금융기관에 예치하면 부족한 금액은 회사에서 지급해야 하므로 부족한 금액을 퇴직급여충당부채로 회계처리합니다. 예를 들어 결산일 현재까지 확정기여형으로 퇴직금을 1,000원 납부하였는데 결산일 현재 퇴직급여추계액이 1,500원인 경우 그 차액 500원은 퇴직급여충당부채로 회계처리합니다.

〈회계처리〉 확정기여형에서 퇴직급여충당부채의 증가

차변		대변	
계정	금액	계정	금액
비용(퇴직급여)	500	부채(퇴직급여충당부채)	500

퇴직급여충당부채에서 쓰인 '충당부채'란 현금을 지금 지출해야 할 의무는 없지만 미래에 지출이 예상되는 현금을 미리 비용으로 회

계처리할 때 대변에 오는 부채 계정과목을 의미합니다.

이와 비슷한 '충당금'이라는 부채 계정과목도 있습니다. 충당금은 현금으로 회수해야 하는 자산 금액 중 현금으로 받지 못할 것으로 예상되는 금액입니다. 예를 들어 물건을 팔고 현금으로 회수할 외상대금이 1,000원인데 거래처의 부도 등으로 회수하기 어려울 것으로 예상되는 금액이 900원인 경우 900원을 충당금이라고 합니다.

원천징수

퇴직급여 등 급여를 받은 직원은 '소득세'를 정부에 납부합니다. 하지만 우리나라의 '소득세법'은 회사 또는 금융기관이 직원에게 급여를 지급할 때 소득세를 제외한 채 지급하고 회사 또는 금융기관은 이 떼어낸 소득세를 직원 대신 정부에 납부하도록 하고 있습니다. 이처럼 소득을 지급하는 자가 그 소득을 지급하기 전에 관련 세금을 징수하는 제도를 '원천징수'라고 합니다.

국민연금, 건강보험, 고용보험의 보험료도 원천징수합니다. 이 원천징수한 일정액을 '예수금'이라고 합니다. 소득세예수금은 회사가 정부에 납부하기 위하여 직원의 급여에서 떼어놓은 돈입니다. 국민연금예수금은 회사가 국민연금기관에 납부하기 위하여 직원의 급여에서 떼어놓은 돈입니다. 예수금은 회사가 일시적으로 보관하는 현금일 뿐 정부 등 제3자에게 지출해야 돈입니다. 남의 돈을 맡아두고 있을 뿐입니다.

예를 들어 직원에게 지급한 급여는 다음과 같이 회계처리합니다.

〈회계처리〉 급여의 지급

차변		대변	
계정	금액	계정	금액
비용(급여)	1,000	현금	1,000

이때 세금 100원과 보험료 50원을 징수하고 나머지 850원을 지급한 경우 다음과 같이 회계처리합니다. 이 회계처리는 직원으로부터 세금과 보험료로 150원을 회수하였음을 보여줍니다.

〈회계처리〉 예수금의 징수

차변		대변	
계정	금액	계정	금액
현금	150	부채(예수금 - 세금)	100
		부채(예수금 - 보험료)	50
합계	150	합계	150

위 두 회계처리를 합치면 다음과 같습니다.

〈회계처리〉 예수금의 징수와 급여의 지급

차변		대변	
계정	금액	계정	금액
비용(급여)	1,000	현금	850
		부채(예수금 - 세금)	100
		부채(예수금 - 보험료)	50
합계	1,000	합계	1,000

직원으로부터 원천징수한 예수금을 정부에 납부하면 다음과 같이 회계처리합니다.

〈회계처리〉 예수금의 납부

차변		대변	
계정	금액	계정	금액
부채(예수금 - 세금)	100	현금	150
부채(예수금 - 보험료)	50		

재미있는 회계 상식

손익계산서(PL)는 사람과 사랑이다

"손익계산서(PL)는 Profit & Loss가 아니라 '사람과 사랑'(People & Love)입니다."

미국의 기업인이자 메리 케이 코스메틱 주식회사의 창립자인 메리 케이 애시(Mary Kay Ash) 회장은 이익은 중요하지만 목적에 도달하기 위한 수단일 뿐이라고 생각했습니다. 조직원들에게 아낌없이 투자하여 신뢰와 충성의 고리를 만들고, 직원의 가족에서부터 수천만 명의 고객까지 하나의 가족으로 만들어나가는 것, 그것이 바로 기업의 궁극적 목적이라 생각했습니다.

17
고유목적사업준비금

> 정부가 병원계의 읍소를 전격 수용해 2022년 12월 31일로 만료 예정이었던 고유목적사업준비금 세제 혜택을 2025년 12월 31일까지 3년 연장하기로 결정했다. 의료법인에만 엄격하게 적용되던 특례 범위도 다른 학교법인 및 사회복지법인들과 동일하게 확대됐다. 이로써 학교법인, 사회복지법인, 국립대학교병원, 지방의료원, 지방 소재 비영리 의료기관 등은 앞으로도 수익사업소득의 100%를 고유목적사업준비금 손금산입할 수 있게 됐다. —《데일리메디》, 2022.7.22.

회계기준은 현금을 지출할 의무가 발생할 때 차변에 비용, 대변에 부채를 회계처리하도록 규정하고 있습니다. 이에 현금을 지출할 의무가 없는 상태에서도 비용과 부채를 회계처리하면 이는 회계기준의 위반이 됩니다.

그런데 공익법인에 적용하는 '공익법인회계기준'은 예외적으로 사회복지, 자선, 학술, 의료, 장학사업 등을 사업의 내용으로 하는 비영리법인이 고유목적에 사용할 현금을 아직 지출할 의무가 없는 상태에서도 미리 비용으로 회계처리하는 것을 인정하고 있습니다.

고유목적사업준비금은 이처럼 공익을 목적으로 설립된 비영리법인이 지출할 의무가 아직 없는 상태에서 고유목적사업비를 비용으로 회계처리할 때 사용하는 부채 계정과목입니다. 이때 비용 계정과목은 '고유목적사업비 또는 고유목적사업준비금 전입'이 사용됩니다.

고유목적사업준비금은 비용을 추가로 가산하여 수익사업에서 발생한 이익을 줄이고 이에 따라 법인세를 줄이고, 줄어든 법인세만큼 비영리법인이 공익적인 목적사업에 더 많은 현금을 사용하도록 하기 위해 법인세법에서 도입한 개념입니다.

예를 들어 어느 장학재단에서 이익이 200,000원이 있다고 가정할 경우 법인세율 10%를 가정하면 장학재단은 법인세로 20,000원을 납부해야 합니다. 그런데 고유목적사업비라고 하여 150,000원을 비용에 추가한다면 이익은 50,000원으로 줄어들게 되고 법인세는 5,000원으로 감소합니다. 장학재단은 줄어든 법인세 15,000원을 추가로 공익목적의 사업에 사용할 수 있게 됩니다.

고유목적사업준비금은 미래에 고유목적사업에 사용될 것으로 예상되는 금액을 부채로 회계처리하는 것이기에 그 금액이 얼마가 될지 예측하기는 어렵습니다. 이에 법인세법은 비영리법인이 비용으로

〈표〉 고유목적사업준비금

구분	금액	비고
수익	1,000,000원	-
비용	800,000원	-
이익	200,000원	이자소득 100,000원 사업소득 100,000원
고유목적사업비	150,000원	이자소득 100,000원+ 사업소득 100,000원×50%
고유목적사업비 차감 후 이익	50,000원	-

회계처리할 수 있는 고유목적사업준비금의 한도금액을 제시하고 있습니다.

법인세법이 제시하는 고유목적사업준비금 한도금액은 이자소득금액 전액, 배당소득금액 전액 그리고 이외 수익사업에서 발생한 소득의 50%의 합계액입니다. 위 사례에서 수익사업에서 발생한 이익 200,000원이 이자소득 100,000원, 사업소득 100,000원으로 구성되어 있다고 가정하면, 고유목적사업준비금으로 회계처리할 수 있는 한도액은 이자소득 전액인 100,000원과 수익사업이익 100,000원의 50%인 50,000원의 합계인 150,000원으로 계산됩니다. 한편, 위 기사는 '학교법인, 사회복지법인, 국립대학교병원, 지방의료원, 지방소재 비영리의료기관 등은 앞으로도 수익사업소득의 100%를 고유목적사업준비금 손금산입할 수 있게 됐다'고 기술하고 있는데 이는 조세특례제한법에서 비영리법인 가운데 특별히 사회복지법인, 학교법인, 의료기관 등은 고유목적사업준비금으로 회계처리할 수 있는 금액한도를 수익사업이익의 경우에도 이자, 배당소득과 마찬가지로

100%로 확대해주고 있기 때문입니다.

그리고 공익법인회계기준은 법인세법과 조세특례제한법의 고유목적사업준비금 한도금액 이내에서 비용으로 회계처리하면 이를 적정한 회계처리로 인정합니다.

회계처리

비용을 증가시키는 고유목적사업준비금의 회계처리는 다음과 같이 합니다. 여기에서 차변에 쓰인 비용 계정과목인 '고유목적사업준비금 전입'은 '고유목적사업준비금을 증가시키다'라는 의미입니다. '전입'은 충당부채와 같은 현금의 지출이 없는 부채를 회계처리하면서 동시에 차변에 오는 비용 계정과목 명칭으로 쓰이는 표현입니다.

〈회계처리〉 고유목적사업준비금의 비용 회계처리

차변		대변	
계정	금액	계정	금액
비용 (고유목적사업준비금 전입)	150,000	부채 (고유목적사업준비금)	150,000

비영리법인은 고유목적사업준비금을 비용과 부채로 회계처리한 이후에 고유목적사업에 현금을 지출할 때에는 비용이 아닌 고유목적사업준비금을 감소시킵니다. 예를 들어 비영리법인이 100,000원을 사용했다면 다음과 같이 회계처리합니다.

〈회계처리〉 고유목적사업준비금의 사용

차변		대변	
계정	금액	계정	금액
부채(고유목적사업준비금)	100,000	현금	100,000

만일 비영리법인이 고유목적사업준비금을 비용으로 회계처리한 회계연도 이후 5년 이내에 고유목적사업에 사용하지 않은 경우에는 사용하지 아니한 고유목적사업준비금 잔액 전액을 일시에 수익으로 회계처리합니다.

위 사례에서 5년이 지나도록 사용하지 않아 남아 있는 고유목적사업준비금이 50,000원인 경우 다음과 같이 고유목적사업준비금 50,000원을 수익으로 회계처리합니다. 여기에서 대변에 쓰인 수익 계정과목인 '고유목적사업준비금 환입'은 '고유목적사업준비금을 감소시키다'라는 의미입니다. '환입'은 충당부채와 같은 현금의 지출이 없는 부채를 감소시키는 회계처리를 하면서 동시에 대변에 오는 수익 계정과목 명칭으로 쓰이는 표현입니다.

〈회계처리〉 고유목적사업준비금의 수익 회계처리

차변		대변	
계정	금액	계정	금액
부채 (고유목적사업준비금)	50,000	수익 (고유목적사업준비금 환입)	50,000

4장

유형자산, 무형자산

18
유형자산과 감가상각

1830년 9월, 리버풀-맨체스터 철도 개통식이 있었다. 첫 열차가 칙칙 소리를 내며 철로를 달리기 시작했다. 멀리 떨어진 미국과 인도의 신문들도 세상을 바꿀 획기적인 사건이라고 크게 보도했다. 리버풀-멘체스터 철도 개통이 의미하는 바는 분명했다. 증기기관차로 운영하는 복선 철도로 당시 세계에서 가장 중요한 도시 두 곳의 승객과 화물을 이었다는 점이었다. — 《철도의 세계사》(크리스티안 월마 저) 중에서

1830년 막대한 자본이 투자된 영국 리버풀-맨체스터 철도가 개통되었습니다. 그런데 이 철도를 운영하는 회사에 문제가 발생했습니다. 수입에서 지출을 차감하여 계산하는 이윤이 발생하지 않는 것이

었습니다. 회사는 투자비를 장기간에 걸쳐 나누어 비용으로 처리하는 방안을 생각하기 시작했습니다. 그리고 이를 뒷받침할 논리를 만들어냈습니다. 바로 감가상각이었습니다.

리버풀-맨체스터 철도 개통 기념 우표

감가상각의 탄생

감가상각의 등장은 회계의 역사에서 획기적인 사건이었습니다. 감가상각과 같은 회계 절차는 이전에도 쓰이고 있었지만, 이론을 세우고 정식으로 채택한 것은 영국 철도회사가 처음이었습니다. 그들은 '기차는 장기간 사용하는 것이기에 여러 회계기간에 분산하여 비용으로 회계처리하는 것이 맞다'는 이론을 마련했습니다. 철도회사는 거액의 투자를 한 그해에도 이익을 낼 수 있게 되었습니다.

회계에서 감가상각이 채택되면서 복식부기는 대전환기를 맞이하였습니다. 감가상각은 현금의 지출 금액을 현금의 지출이 이루어진 회계기간이 아닌 미래의 여러 회계기간에 비용으로 회계처리할 수 있는 근거를 제공하였기 때문입니다.

그리고 감가상각의 등장은 회계에서 이윤의 개념이 '수지(=현금수입－현금지출)'에서 '이익(=수익－비용)'이란 형태로 바뀌는 계기가 되었습니다. 다시 말해 감가상각의 채택은 회계의 개념을 현금주의의 수입과 지출에서 발생주의의 수익과 비용으로 전환한 역사적 사건이었습니다.

유형자산

회사는 땅, 공장건물, 사무실, 컴퓨터, 기계, 자동차, 사무용 비품과 같은 여러 시설이나 장비를 취득합니다. 이들을 취득하기 위해 지출한 현금은 비용일까요? 아니면 자산일까요? 자산이 되려면 미래에 현금의 수입을 기대할 수 있어야 합니다. 공장건물은 처분하면 현금의 수입을 가져올 수 있으므로 자산이 될 것 같기도 합니다. 그러면 컴퓨터는 어떻습니까? 조금 애매해집니다. 사용하던 컴퓨터를 중고로 처분하면 얼마나 건질 수 있을까요? 그럼 비용일까요?

이렇듯 시설이나 장비에 지출한 현금이 자산인지 아닌지를 구분하기란 그리 쉬운 작업이 아닙니다. 이에 회계기준은 영업활동에 사용하기 위한 부동산, 기계장치, 자동차, 공구, 기구, 비품, 컴퓨터 등 시설의 취득에 지출한 현금은 '유형자산'이라고 아예 선언해놓았습니다. '유형'은 형체가 있다는 뜻입니다.

감가상각의 회계처리

감가상각은 유형자산을 여러 회계연도에 걸쳐 비용으로 바꾸어주는 절차입니다. 기존에 있던 유형자산을 비용으로 회계처리하는 것입니다. 따라서 감가상각의 과정에서 현금의 지출은 없습니다. 이미 지출한 현금인 유형자산을 비용으로 대체하는 회계처리일 뿐이기 때문입니다.

감가상각을 회계처리할 때는 차변에 '감가상각비'라는 비용 계정과목을 사용합니다. 대변에는 '감가상각누계액'이라는 부채 계정과목을 사용합니다. 감가상각누계액은 유형자산을 취득한 후 총 얼마의 금액이 감가상각비로 회계처리되었는지를 보여주는 부채 계정과목입니다. 예를 들어 감가상각비 1,000원이 발생한 경우 다음과 같이 회계처리합니다.

〈회계처리〉 감가상각비의 발생

차변		대변	
계정	금액	계정	금액
비용(감가상각비)	1,000	부채(감가상각누계액)	1,000

내용연수

감가상각은 유형자산을 일정기간에 걸쳐 분할하여 비용으로 회계처리하는 과정입니다. 여기에서 일정기간을 '내용연수'라고 부릅니다. 내용연수란 해당 유형자산이 영업활동에 사용되어 수익을 발생시킬 수 있는 기간입니다. 회계기준은 유형자산의 내용연수를 건물은 몇 년 등으로 정하지는 않습니다. 회사에서 합리적인 기간을 내용연수로 정합니다.

〈핵심 정리〉 유형자산과 감가상각

- 유형자산: 영업활동에 사용하기 위한 부동산, 기계장치, 자동차, 공구, 기구, 비품, 컴퓨터 등 시설의 취득에 지출한 현금
- 감가상각: 유형자산 취득가액을 여러 회계기간에 걸쳐 비용으로 회계처리하는 절차

재미있는 회계 상식

국제회계기준(IFRS)

독일의 다임러벤츠는 1993년 자사 주식을 뉴욕증권거래소에 상장하려 했습니다. 당시 다임러벤츠는 전 세계적으로 인정받는 글로벌 자동차 회사였고 안정적인 수익을 창출하고 있었습니다. 그런데 뉴욕증권거래소 상장을 위해 미국의 회계기준(US-GAAP, Generally Accepted Accounting Principles: 일반적으로 인정되는 회계기준)으로 회사의 이익을 다시 계산해보니 적자가 되었습니다. 독일 회계기준으로는 흑자였습니다. '독일 회계기준으로는 흑자인데 미국 회계기준으로는 적자라고?' 이는 세계 경제계에 충격을 안겨주었습니다.

사실 세계 각국은 1970년대부터 나라별로 다르게 적용하던 회계기준을 통일시키려 했습니다. 영국과 미국이 이 논의를 이끌었습니다. 하지만 영국과 미국은 각각 자국의 회계기준을 세계 공통의 회계기준으로 채택하려 했고, 양국 간 합의는 이루어지지 않았습니다. 결국 영국은 독자적으로 '국제회계기준(IFRS, International Financial Reporting Standards)'을 제정하고 세계 각국의 동참을 요청했습니다. 전 세계 130여 개국이 국제회계기준을 채택했습니다. 우리나라도 국제회계기준을 채택하고, 그 명칭을 한국채택국제회계기준(K-IFRS)이라고 했습니다. 반면 미국은 국제회계기준이 원칙 중심이고 이에 따라 자의적인 면이 많아 투자자들을 제대로 보호할 수 없다며

〈표〉 우리나라 회계기준의 변천

시기	1997년 이전	1998년~2010년	2011년 이후	
명칭	기업회계기준	기업회계기준서	한국채택 국제회계기준 K-IFRS	일반기업 회계기준 K-GAAP

국제회계기준의 도입을 거부하였습니다.

한편, 우리나라에는 한국채택국제회계기준 외에 '일반기업회계기준'도 있습니다. 한국채택국제회계기준과 일반기업회계기준은 많은 차이가 있지만 가장 중요한 것은 그 적용 대상입니다. 이해관계자가 많은 상장기업, 금융업을 영위하는 회사는 한국채택국제회계기준(K-IFRS)을, 그 외 회사는 일반기업회계기준을 적용합니다.

〈표〉 일반기업회계기준과 한국채택국제회계기준의 비교

구분		일반기업회계기준 K-GAAP	한국채택국제회계기준 K-IFRS
적용 대상		외부감사대상 비상장기업	상장기업, 비상장 금융업
재무제표	구성	1. 재무상태표 2. 손익계산서 3. 자본변동표 4. 현금흐름표 5. 주석	1. 좌동 2. 포괄손익계산서 3. 좌동 4. 좌동 5. 좌동
	기본	개별	연결
측정 수단		취득원가 원칙	공정가치 평가 원칙

19
손상차손

쌍용자동차 노동자들이 낸 해고무효소송에서 대법원이 13일 2심 결론을 뒤집고 회사측 손을 들어줬다. 쌍용자동차 노조는 2008년 회사측이 재무제표를 작성하면서 유형자산 손상차손을 과장해 회계처리함으로써 해고를 정당화했다고 주장했다. 2심 재판부는 노조의 주장을 받아들였다. 그러나 대법원은 회사가 유형자산 손상차손을 인식하기 전부터 회사의 재무상황이 악화돼 있었다고 판단했다.

—《이투데이》, 2014.11.13.

2009년 3월 쌍용자동차의 회계감사인이었던 안진회계법인은 유형자산 손상차손 5,177억 원을 포함한 당기순손실 7,097억 원이 기재되어 있는 회계감사 결과를 보고하였습니다. 그런데 이 회사가 비용으로 회계처리한 유형자산 손상차손 5,177억 원이 허위라는 주장이 제기되었습니다. 부정한 회계처리를 통해 이익을 줄이는 역분식회계를 하여 적자 규모를 부풀렸고 이를 근거로 구조조정을 정당화하였다는 내용이었습니다. 금융감독원은 이에 대해 역분식회계는 없었다고 밝혔습니다. 이 사건은 결국 법원으로 가게 되었습니다.

1심 법원은 유형자산 손상차손 회계처리가 구조조정 실시에 영향을 미쳤다고 보지 않았습니다. 2심 법원은 감정인을 선임하여 유형자산 손상차손의 반영이 적정했는지 여부에 대해 의견을 들었습니다. 감정인은 '이 회사의 판단이 적정했다'는 취지의 의견을 법원에 제출했습니다. 그럼에도 2심 법원은 이 회사가 과도한 유형자산 손상차손을 비용으로 회계처리하는 역분식회계를 했다고 판단했습니다. 그러나 대법원은 2심 판결을 뒤집었습니다. 법원의 최종 판단은 '쌍용자동차는 역분식회계를 하지 않았다'였습니다. 결국 회계처리는 문제가 없었다는 판단이었습니다.

손상차손

손상차손은 손상과 차손의 합성어입니다. 손상은 '물체가 깨지다, 부서지다, 품질이 떨어지다'는 의미입니다. 차손은 '손해를 보아 발생한 차이'라는 뜻입니다. 결국 손상차손은 '가치가 떨어져 발생한 손해'라는 의미가 됩니다. 예를 들어 1억 원짜리 기계가 있습니다. 그런데 급격한 경기 침체로 공장의 가동률이 매우 떨어졌습니다. 그래서 기계에서 생산한 제품으로 향후 벌어들일 수 있는 매출액은 겨우 2천만 원에 불과합니다. 그리고 이 기계의 중고가격도 1천만 원밖에 되지 않습니다. 기계의 가격은 1억 원인데 기계를 통해 벌어들일 수 있는 돈이 2천만 원 또는 1천만 원밖에 되지 않습니다. 이럴 때 '기계에 손상이 발생했다'고 표현합니다. 그렇다면 이 경우 손해는 얼마나 발생했다고 할 수 있을까요? 기계 1억 원에서 기계를 통해 벌어들일 수 있는 돈 2천만 원이나 1천만 원을 뺀 금액인 8천만 원 또는 9천만 원이 손해가 났다고 볼 수 있고 이 금액을 손상차손이라고 합니다.

유형자산 손상차손의 계산 방법

유형자산 손상차손은 유형자산의 장부가액에서 유형자산을 통해 벌어들일 수 있는 금액을 뺀 금액으로 계산합니다. 유형자산의 장부가액은 취득가액에서 그동안 감가상각한 금액의 합계금액인 감가상각누계액을 뺀 금액입니다. 이전에 이미 발생한 손상차손이 있다면 손상차손액도 빼줍니다. 그리고 유형자산을 통해 벌어들일 수 있는 금액은 '회수가능액'이라고 하고, 회수가능액은 시장에서 유형자산이 거래되는 경우 그 금액인 '순공정가치'와 유형자산을 사용하여 벌어들일 수 있는 금액인 '사용가치' 중 큰 금액입니다. 이를 산식으로 표현하면 다음과 같습니다.

〈손상차손의 계산〉

- 손상차손 = 장부가액 − 회수가능액
- 장부가액 = 취득가액 − 감가상각누계액 − 손상차손누계액
- 회수가능액 = Max(순공정가치, 사용가치)

손상차손의 회계처리

유형자산에서 발생한 손상차손은 '유형자산 손상차손'이라는 비용 계정과목으로 회계처리합니다. 유형자산 손상차손은 감가상각비와 마찬가지로 현금 지출이 없는 비용입니다. 이에 대변에 감가상각누계액과 비슷한 '손상차손누계액'이라는 부채 계정과목을 사용합니다.

앞의 예에서 기계의 장부가액이 1억 원, 중고가는 1천만 원, 기계를 사용하여 제품을 생산해 벌 수 있는 돈이 2천만 원인 경우 회수가능액은 순공정가치인 1천만 원과 사용가치인 2천만 원 중 큰 금액인 2천만 원이 되고 이에 따라 유형자산 손상차손은 장부가액 1억 원에서 회수가능액 2천만 원을 뺀 8천만 원으로 계산됩니다. 기계장치에 8천만 원의 손상차손이 발생한 경우 회계처리는 다음과 같습니다. 이 회계처리를 하면 기계의 장부가액은 취득가액 1억 원에서 손상차손누계액 8천만 원을 뺀 2천만 원이 됩니다.

〈회계처리〉 손상차손의 발생

차변		대변	
계정	금액	계정	금액
비용(유형자산 손상차손)	8천만 원	부채(손상차손누계액)	8천만 원

재미있는 회계 상식

오펙스와 케이펙스

흔히 비용과 자산 대신 오펙스와 케이펙스라는 용어를 사용합니다. 오펙스는 오퍼레이셔널 익스펜디처(OPerational EXpenditure), 케이펙스는 캐피털 익스펜디처(CAPital EXpenditure)의 약자입니다. 우리말로 오펙스는 '수익적 지출', 케이펙스는 '자본적 지출'이라고 풀이합니다.

자본적 지출, 수익적 지출은 건물, 기계 등 유형자산을 취득한 이후에 유형자산의 수선, 보수 등을 위한 추가 현금 지출이 있는 경우 수선, 보수 등을 위해 지출한 현금을 자산으로 회계처리할지 아니면 비용으로 회계처리할지를 구분하는 용어입니다.

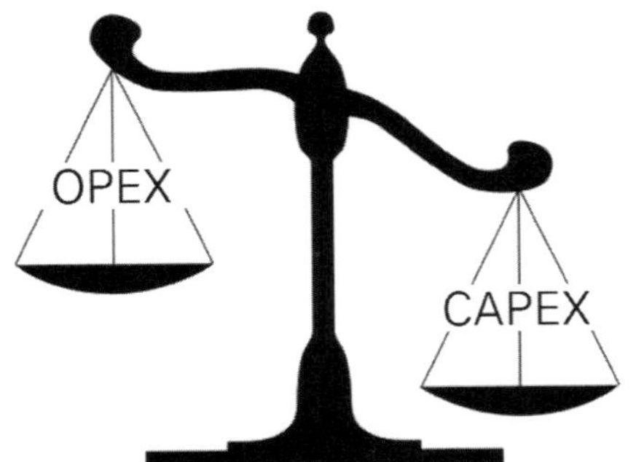

유형자산의 수선, 보수 등을 위해 지출한 현금을 어떻게 회계처리하는지에 따라 수익적 지출과 자본적 지출이 나뉜다.

자본적 지출은 유형자산의 가치를 높이거나 사용할 수 있는 기간을 늘리는 현금 지출입니다. 수익적 지출은 자본적 지출이 아닌 현금 지출입니다. 유형자산의 수선, 보수 등을 위해 지출하는 현금이 자본적 지출에 해당하면 자산으로 회계처리합니다. 자산으로 회계처리한 자본적 지출 금액은 내용연수 동안 감가상각을 통해 비용으로 회계처리합니다. 자본적 지출에 해당하지 않으면 이를 수익적 지출이라 합니다. 수익적 지출은 전액 비용으로 회계처리합니다.

자본적 지출인지 수익적 지출인지 여부는 회계에서 자산에 해당하는지 판단하는 기준이 될 뿐 아니라 취득세 등 각종 세금 부과 대상이 되는 기준이기도 합니다.

20
자산재평가

제일모직이 공식적인 자산재평가 결과를 반영하지 않고 IPO(기업공개)에 나서기로 했다. 제일모직의 부동산은 회계장부에 취득원가 기준으로 반영돼 있다. 하지만 제일모직은 최근 자산재평가 결과를 IPO 가치에 반영하지 않기로 입장을 정리했다. 보유 토지의 75% 이상이 유휴부지라 거래가치를 따지기가 모호하다는 것이다. 그러나 일부에선 다른 해석이 나온다. 재평가를 통해 최소 1조~2조 원의 지가상승 이득을 노릴 수 있는데 이를 포기한 건 주가를 끌어올릴 의지가 없다는 뜻이라는 추측이다. 이건희 회장의 지분을 넘기는 과정에서 제일모직의 주가가 높지 않은 게 오히려 오너 일가에 도움이 될 거란 분석이다. — 《머니투데이》, 2014.10.14

2014년 12월, 제일모직이 상장되었습니다. 제일모직은 삼성그룹의 지분구조를 볼 때 향후 삼성그룹의 실질적인 지주회사가 될 회사였습니다. 그런데 제일모직의 공모가 결정 과정에서 자산재평가 실시 여부가 화제로 떠올랐습니다.

당시 제일모직은 경기도에 에버랜드, 레이크사이드 골프장 등을 보유하고 있었고 이 토지들은 대부분 당시로부터 20년 전에 싸게 취득한 것이었습니다. 이 토지들을 다시 평가하면 높은 공모가를 이끌어낼 수도 있고 앞으로 주식의 시세 상승에도 큰 영향을 미칠 수 있으리라 기대되었습니다.

그러나 제일모직은 자산재평가를 실시하지 않았습니다. 이유가 무엇이었을까요? 향후 삼성물산과의 합병에서 보다 유리한 조건을 만들기 위해 단기적인 이익을 포기한 것은 아니었는지 많은 사람들이

상장을 앞둔 제일모직은 주가에 도움이 됨에도 불구하고 에버랜드, 글렌로스 골프클럽, 레이크사이드 골프장 등에 대한 자산재평가를 하지 않았다.

의심의 눈초리를 보냈습니다. 한편 공모가가 3만 5천 원이었던 제일모직 주가는 상장 당일 급등하여 단숨에 코스피 시가총액 10위권에 들었습니다.

자산재평가

토지, 건물 등 유형자산은 취득 당시의 금액으로 회계처리됩니다. 이 취득 당시의 금액을 '취득원가'라고 합니다. 그런데 유형자산은 일반적으로 시간이 흐를수록 가치가 떨어집니다. 하지만 토지는 얘기가 좀 다릅니다. 오히려 토지는 시간이 흐를수록 그 가치가 상승하는 경우가 많습니다.

가치가 상승한 토지처럼 회사가 보유하고 있는 유형자산의 금액이 재무상태표의 장부가액보다 크게 높아진 경우에 해당 유형자산의 금액을 현재의 높은 금액으로 다시 평가하는 것을 '자산재평가'라고 합니다.

일반기업회계기준은 자산재평가를 예외적으로 인정합니다. 반면 공정가치 원칙을 표방하는 국제회계기준은 '재평가모형'이라고 하여 자산재평가를 비교적 넓게 인정합니다.

자산재평가 회계처리

하지만 자산재평가는 단지 재무제표에 있는 유형자산의 금액을 지우고 다시 기입하는 것에 불과합니다. 자산재평가를 실시하기 전이나 후나 회사의 본래 가치는 바뀌지 않습니다. 그래서 회계에서는 자산재평가를 통해 증가한 장부의 금액을 수익으로 인정하지 않습니다. 장부가액 10억 원의 토지를 15억 원으로 재평가하여 5억 원이 증가한 경우 다음과 같이 회계처리합니다.

〈회계처리〉 자산재평가

차변		대변	
계정	금액	계정	금액
자산(토지)	5억 원	자본(재평가이익)	5억 원

이 회계처리를 보면 대변에 수익이 아니라 자본이 왔습니다. 이는 자산재평가를 통해 늘어난 자산의 금액은 수익으로 보지 않고 자본의 증가로 보기 때문입니다. 재평가이익과 같이 자본의 증가로 보는 손익을 기타포괄손익이라고 합니다. 기타포괄손익은 일반적인 손익계산서에는 보고되지 않고 포괄손익계산서에 표시됩니다.

재미있는 회계 상식

로마숫자에서 아라비아숫자로

아라비아숫자가 어떤 것인지 아시죠? 1, 2, 3, 4… 등과 같은 숫자입니다. 아라비아숫자는 인도에서 발명되어 로마숫자를 사용하던 유럽으로 전파되었습니다. 아라비아숫자는 로마숫자에 비해 쉽고 간편했습니다. 아라비아 숫자 777은 로마숫자로는 'DCCLXVII'라고 표현했으니까요.

로마숫자에 없는 '0'의 개념도 있었습니다. 아라비아 숫자는 +, −, ×, ÷ 등 사칙연산도 가능하게 했습니다. 로마숫자로 하는 사칙연산을 상상하니 머리가 아파옵니다. 아라비아숫자의 도입으로 중세 유럽은 신앙에서 과학으로 급속히 전환하기 시작합니다.

I	II	III	IV	V	VI	VII	VIII	IX	X
1	2	3	4	5	6	7	8	9	10
XX	XXX	XL	L	LX	LXX	LXXX	XC	IC	C
20	30	40	50	60	70	80	90	99	100
CC	CCC	CD	D	DC	DCC	DCCC	CM	XM	M
200	300	400	500	600	700	800	900	990	1000

아라비아숫자와 로마숫자

21
개발비

금융감독원은 '개발비 인식, 평가의 적정성'에 대해 점검하고 회계위반 가능성이 높은 회사를 선정해 테마감리에 착수할 계획이라고 밝혔다. 금감원에 따르면 지난 2016년 말 기준으로 제약·바이오 상장사 152곳 가운데 중 55%가 개발비를 무형자산으로 계상 중이며, 전체 잔액은 약 1조 5,000억 원 수준이다. 이 가운데 코스닥 기업들이 계상 중인 금액이 1조 2,000억 원으로 대부분을 차지하고 있다.

—《MTN 뉴스》, 2018.1.28.

2018년, 금융감독원은 제약·바이오기업의 연구개발비에 대한 테마감리를 진행하고 그 결과를 발표하였습니다. 감리는 공인회계사가 회계감사를 적절하게 수행했는지를 점검하는 절차입니다. 금융감독원은 감리 결과에서 시가총액 5,000억 원 이상인 제약·바이오기업 15곳의 2018년 1분기 연구개발비는 총 1,336억 원이었고 이 중 664억 원이 자산으로 회계처리되었다고 밝혔습니다. 당시 세계적으로 유명한 기업들이 연구개발비 가운데 자산으로 회계처리한 비율이 평균적으로 20%인 것에 비하면 우리나라 제약·바이오기업이 총 연구개발비 가운데 자산으로 회계처리한 비율인 49%는 상당히 높은 편이었습니다.

금융감독원은 감리 결과를 반영하여 '제약 및 바이오기업의 연구개발비 회계처리 관련 감독지침'을 발표했습니다. 이 지침에서 금융감독원은 약품을 신약, 바이오시밀러 등으로 구분하고 신약은 임상3상 단계, 바이오시밀러는 임상1상 단계부터 연구개발비를 자산으로 회계처리하도록 권고하였습니다.

연구개발비 비용

회사는 신제품을 출시하기 위하여 연구개발 활동을 지속적으로 수행합니다. 하지만 신기술, 신제품이 성공적으로 개발된다는 보장도 없고 혹시 개발된다 하더라도 신기술, 신제품에 대해 고객이 기꺼이 지갑을 열지도 불분명합니다. 즉 연구개발에 지출한 현금은 미래에 확실히 돈을 벌어올 수 있는 지출이라 확신할 수 없습니다. 이에 연구개발비는 원칙적으로 비용으로 회계처리를 해야 합니다.

그런데 제약·바이오 등 연구개발 활동이 경영의 많은 비중을 차지하는 회사의 경우 연구개발비를 모두 비용으로 회계처리하면 손익

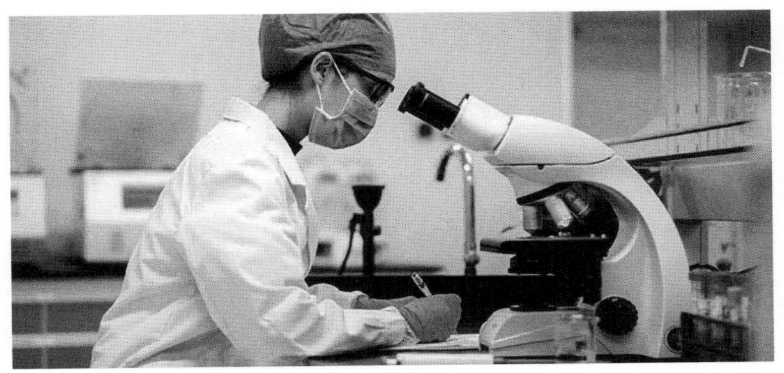

연구개발비 가운데 일부는 자산으로 회계처리할 수 있다.

상황이 좋지 않게 나타나 회사의 존립이 어려워질 수가 있습니다. 이에 회계기준은 연구개발비 가운데 일부는 자산으로 회계처리할 수 있도록 허용하고 있습니다.

개발비

연구개발비를 자산으로 회계처리하기 위해서는 연구개발비로 지출한 현금이 특정한 신기술, 특정한 신제품을 위한 지출이어야 합니다. 그리고 연구개발 중인 신기술, 신제품을 미래에 판매하여 현금을 벌어올 수 있다는 확신이 있어야 합니다.

연구개발비 가운데 이러한 과정과 검토를 거쳐 자산으로 인정된 것을 '개발비'라고 합니다. 개발비는 자산으로 인정되는 연구개발비를 회계처리하는 자산 계정과목입니다.

자산으로 회계처리한 개발비는 신기술, 신제품이 완성된 회계기간부터 유형자산과 마찬가지로 감가상각을 합니다. 내용연수는 신기술, 신제품을 이용하여 얼마의 기간 동안 돈을 벌 수 있는지를 회사에서 합리적으로 추정하여 적용합니다.

한편 개발비는 '무형자산'으로 분류합니다. 무형자산이란 형체가 없는 자산이라는 뜻입니다. 무형자산에는 개발비 이외에도 영업권, 특허권 등이 있습니다.

개발비 회계처리 사례

어느 회사가 3년 동안 신기술을 개발하기로 하고 이를 위해 3억 원을 투입하였다고 가정합니다. 회사는 신기술 개발에 성공하고 신제품을 출시하였습니다. 신제품은 향후 10년 동안 판매될 것으로 예상하고 있습니다. 이 경우 3년 동안 지출한 연구개발비는 개발비라는 계정과목을 사용하여 자산으로 회계처리합니다.

〈회계처리〉 개발비의 증가

차변		대변	
계정	금액	계정	금액
자산(개발비)	3억 원	현금	3억 원

그리고 3년이 지나 신기술을 완성한 연도부터 향후 관련 신제품이 판매될 것으로 예상하는 10년 동안 '무형자산상각비'라는 계정과목을 사용하여 비용으로 대체하는 감가상각 회계처리를 합니다. 이와 같이 10년 동안 매년 3억 원의 10분의 1인 3천만 원씩 개발비를 감

가상각하면 10년 후 개발비의 장부가액은 0원이 됩니다.

〈회계처리〉 개발비 감가상각

차변		대변	
계정	금액	계정	금액
비용(무형자산상각비)	3천만 원	자산(개발비)	3천만 원

무형자산을 감가상각하는 회계처리를 할 때는 감가상각누계액이라는 부채 계정과목을 사용하지 않고 무형자산을 대변에 기입하여 차변에 있던 무형자산의 금액을 장부에서 제거합니다.

만일 연구개발에 실패하거나 관련 제품이 더 이상 판매되지 않는다면 앞으로 현금의 유입을 기대할 수 없으므로 자산으로 있던 개발비 전액을 바로 비용으로 대체하는 회계처리를 합니다.

〈핵심 정리〉 연구개발비의 자산 회계처리 기준

- 연구개발비로 지출한 현금이 특정한 신기술, 특정한 신제품을 위한 지출이어야 함
- 연구개발 중인 신기술, 신제품을 미래에 판매하여 현금을 벌어올 수 있다는 확신이 있어야 함

재미있는 회계 상식

비트코인의 회계처리

금융감독원이 가상자산 회계처리 현황을 파악하고 투자자 보호를 위한 주석 공시 강화 등 가이드라인 마련을 검토한다. … 가상자산 사업은 초기 단계로 지속해서 변화, 발전하고 있고 법적 지위가 확정되지 않아 회계기준 제정에 상당한 기간이 걸릴 것으로 예상된다.

—《머니투데이》, 2022.7.27

'비트코인의 창시자'인 사토시 나카모토가 비트코인 채굴 방식을 처음 공개한 것은 2008년의 일이었습니다. 사람들은 비트코인을 채굴하여 거래하기 시작했습니다. 전기차로 유명한 미국 자동차 회사 테슬라의 회장이 대량의 비트코인을 사고팔았다는 뉴스가 크게 보도되기도 했습니다.

2009년부터 비트코인이 거래되기 시작했지만, 비트코인의 회계처리 기준은 2019년에 와서야 제시되었습니다. 국제회계기준위원회는 2019년 9월, 비트코인을 포함한 가상통화는 무형자산 또는 재고자산으로 분류하기로 결론지었습니다. 판매를 위해 보유하는 경우는 재고자산에, 그 외에는 모두 무형자산에 해당한다는 것이었습니다.

가상통화를 재고자산 또는 무형자산으로 분류하게 되면 비트코인을 시가로 평가하지 않습니다. 따라서 비트코인 가격이 폭등하였다고 해서 폭등한 가격의 차이를 재무성과로 인정하여 손익계산서에 반영하지 않습니다. 다만 가치가 현저히 떨어지면 손상차손을 회계처리합니다. 예를 들어 1,000원에 구입했던 비트코인이 시장에서 200원에 거래되고 있다면 취득가액과 시가의 차액인 800원을 손상차손을 회계처리합니다.

〈회계처리〉 비트코인의 손상차손

차변		대변	
계정	금액	계정	금액
비용(손상차손)	800원	자산(비트코인)	800원

비트코인을 처분하게 되면 처분가액과 취득가액의 차이를 처분손익으로 손익계산서에 반영합니다.

한편, 지금까지 국제회계기준과 마찬가지로 비트코인 등 가상통화를 무형자산 또는 재고자산으로 회계 처리하던 미국은 2022년 10월, 가상통화를 금융자산으로 보고 공정가치 회계를 적용, 시장 가격을 장부에 반영하기로 하는 지침 제정 계획을 발표였습니다. 이 지침은 이르면 2022년 말에 시행될 것으로 보입니다.

22
영업권

하이마트를 인수할 가장 유력한 후보로 거론되는 롯데그룹이 신중한 행보를 거듭하고 있다. 무엇보다 가격 부담이 지목된다. 62.5%의 지분을 매각한다고 가정하면 현재 시가총액 기준으로만 1조 1천억 원이 넘는다. 1조 7천억 원의 장부상 영업권 가치나 경영권 프리미엄을 고려하면 실제 인수가격은 2조 원을 넘길 수도 있다.

—《연합인포맥스》, 2012.2.1.

롯데하이마트는 가전제품 판매회사입니다. '하이마트로 가요~'로 시작하는 TV 광고로 우리에게 친근하게 다가온 것 같기도 합니다. 롯데하이마트의 옛 이름은 하이마트였습니다. 롯데그룹이 하이마트를 인수하고 사명을 롯데하이마트로 바꾸었습니다.

하이마트의 인수와 영업권

롯데그룹이 하이마트를 인수할 당시 하이마트 재무상태표에는 1조 7천억 원의 영업권이 있었습니다. 이 영업권의 역사는 2008년으로 거슬러 올라갑니다.

하이마트의 영업권은 유진하이마트홀딩스가 하이마트를 인수하면서 발생했습니다. 당시 하이마트 평가액은 2,131억 원이었습니다. 그런데 유진하이마트홀딩스는 총 1조 9,479억 원을 지급하고 하이마트를 인수했습니다. 평가액보다 1조 7,348억 원을 더 지급한 것입니다. 유진하이마트홀딩스는 이 1조 7,348억 원의 영업권을 2008년부터 매년 연평균 880억여 원씩 영업권감가상각비로 비용 회계처리했습니다. 이후 유진하이마트홀딩스는 하이마트와 합병했습니다.

영업권

유진하이마트홀딩스가 하이마트를 인수하면서 평가액보다 더 지급한 1조7,348억 원을 영업권이라고 합니다. 영업권은 회사·사업을 인수·합병하는 과정에서 인수·합병을 위해 지급하는 총 대가에서 인수·합병 대상 회사·사업의 공정가치를 뺀 금액입니다.

〈영업권의 계산〉

· 영업권=지급 대가－인수대상 회사·사업의 공정가치

예를 들어 1억 원의 공정가치를 가진 회사나 사업을 인수하면서 1억 3천만 원을 지급했다면 3천만 원이 영업권에 해당하는 금액입니다. 회계기준은 영업권을 자산으로 인정하고 무형자산으로 분류합니다. 영업권 3천만 원에 대한 회계처리는 다음과 같습니다.

〈회계처리〉 영업권의 증가

차변		대변	
계정	금액	계정	금액
자산(영업권)	3천만 원	현금	3천만 원

영업권 감가상각

영업권은 20년 이내에서 회사가 선택한 기간 동안 균등하게 감가상각하는 회계처리를 합니다. 위 예에서 영업권 3천만 원을 20년의 기간 동안 균등하게 감가상각한다면 매년 150만 원을 다음과 같이 회계처리합니다.

〈회계처리〉 영업권의 상각

차변		대변	
계정	금액	계정	금액
비용(영업권감가상각비)	150만 원	자산(영업권)	150만 원

반면 국제회계기준은 영업권을 매년 비용으로 회계처리하지 않습니다. 다만 결산을 수행하면서 자산으로 회계처리되어 있는 영업권

금액을 미래에 인수·합병한 회사·사업에서 현금으로 회수할 수 있는지 여부를 평가합니다. 평가 결과, 그렇지 못하다고 판단되면 손상차손으로 회계처리합니다. 즉 영업권의 공정가치를 평가하여 공정가치가 재무상태표의 장부가액보다 하락하고 회복할 가능성이 없는 경우에 그 차이를 손상차손이라는 비용으로 회계처리합니다.

하이마트의 국제회계기준 조기 도입

당시 우리나라는 국제회계기준을 막 도입하려는 상황이었습니다. 상장회사는 2011년까지, 이외의 회사는 2012년까지 도입·적용하기로 되어 있었습니다. 그런데 비상장회사였던 하이마트는 국제회계기준을 의무적으로 도입해야 하는 2012년이 아닌 2010년에 국제회계기준을 적용하기로 결정했습니다. 그래서 하이마트는 2010년에 880억여 원에 달하는 영업권감가상각비를 비용으로 회계처리하지 않을 수 있었습니다. 그리고 1,065억 원의 당기순이익을 올렸다고 보고했습니다. 이어 하이마트는 상장에 성공하였습니다. 국제회계기준 도입에 따른 회계처리 방법의 변경 덕분에 상장이라는 결과를 쉽게 가져왔는지도 모릅니다.

재미있는 회계 상식

부채비율과 정부의 가이드라인

1997년, 우리나라는 국가부도 위기에 몰렸습니다. 수많은 회사들이 파산하였고, 많은 사람들이 직장을 잃었습니다. 국가부도를 면하기 위해 정부는 국제통화기금(IMF)으로부터 구제금융을 제공받아야 했습니다.

정부를 비롯한 많은 전문가들이 이 경제위기의 원인을 분석하였습니다. 높은 부채비율이 그 원인으로 지목되었습니다. 이에 정부는 2000년 말까지 부채비율을 200%로 낮추라는 가이드라인을 주요 회사들에 제시하였습니다.

부채비율은 '부채 / 자본'으로 계산합니다. 부채 200원, 자본 100원인 회사의 부채비율은 200 / 100=200%입니다. 당시 회사들은 이 비율을 맞추기 위해 자산재평가를 실시하여 자산과 자본 금액을 인위적으로 증가시키기도 하였습니다.

부채비율은 회사의 재무적인 안정성을 평가하는 주요 지표입니다. 부채비율이 높다는 것은 그만큼 회사가 재무적으로 불안정하다는 것을 의미합니다. 반면 적절한 차입금을 통해 회사가 더욱 성장할 수 있다는 이론도 있습니다. 과연 적정한 부채비율이 있을까요? 있다면 그것은 어느 정도일까요?

5장

주식투자,
이것만은 알고 하자

23
시가평가제도

> 금융권은 공격적인 파생상품 판매로 인한 부동산 거품 때문이 아니라 시가평가제도라는 잘못된 회계제도 때문에 금융위기가 발생했다고 한다. 이들은 시가평가제도가 없었다면 위기가 발생하지 않았거나 발생했더라도 찻잔 속의 미풍 정도에 그쳤을 것이라고 주장한다. 따라서 이들은 시가평가제를 없애야 한다고 목소리를 높였다.
>
> —《중앙선데이》, 2011.7.23.

2007년과 2008년, 미국이 리먼 브러더스 파산으로 촉발된 심각한 금융위기를 겪고 있을 때 미국 금융기관을 중심으로 시가평가제도가 이 금융위기의 주요 원인이라는 주장이 제기되었습니다. 그 내

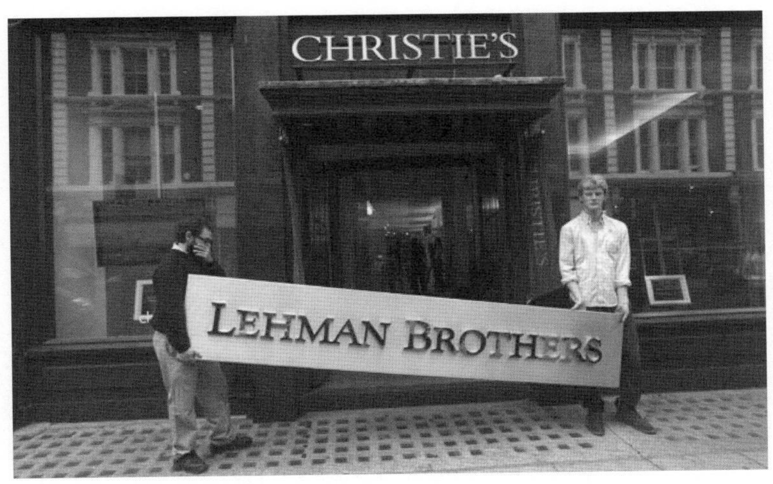

리먼 브러더스 파산으로 촉발된 금융위기는 시가평가제도에 대한 비판을 불러왔다.

용은 이렇습니다. "금융위기가 시작되자 금융기관들이 갖고 있던 주식과 채권, 파생상품 등 금융자산의 가치가 급락하였습니다. 금융자산을 떨어진 시가로 평가해야만 했던 금융기관들은 막대한 손실을 기록하게 되었습니다. 금융기관들은 어쩔 수 없이 금융자산을 투매해야만 했습니다. 그러나 이를 사는 사람은 없었습니다. 금융자산의 가치는 더욱 떨어졌습니다. 금융기관들이 회계장부에 기록해야 하는 손실은 더 커지는 악순환이 생겼습니다. 이로 인해 금융위기가 가속화 그리고 심화되었습니다."

시가평가제도

당시 미국의 금융기관들은 시가평가제도를 미국 금융위기의 한 원인으로 돌리며 시가평가제도를 일부나마 적용하지 말자고 주장하였습니다. 예를 들어 시가가 0원일 정도로 가치가 없는 자산은 시가 평가에서 제외하거나 평가손실을 비용으로 회계처리해서는 안 된다는 내용이었습니다. 이러한 주장에 부응이라도 하듯 2008년 10월 국제회계기준위원회(IASB)는 공정가치 회계처리의 완화 방안을 논의하기 시작했습니다. 당시 우리나라 금융감독원도 시가평가제도의 완화 방안으로 12월 31일이 결산일인 회사에서 외화자산과 외화부채를 6월 30일자 환율로 환산하는 것을 일시적으로 허용하기도 했습니다.

변화하는 자산의 가치를 즉각적으로 재무제표에 반영하는 시가평가제도는 투자자 등 정보 이용자에게 보다 정확한 재무정보를 제공할 수 있다는 장점이 있습니다. 이에 국제회계기준을 비롯한 대부분의 회계기준은 금융자산의 시가평가를 원칙으로 하고 있습니다. 금융자산의 가치를 과거의 숫자인 취득원가로 기록하기보다는 현재의 가치인 시가로 기록하는 시가평가제도가 합리적인 것처럼 보이기 때문입니다.

그러나 시가평가제도에는 큰 단점이 있습니다. 시가라는 개념이 모호하다는 것입니다. 시가는 일반적으로 '시장에서 제3자 간 거래되는 객관적인 가격'이라고 정의합니다. 하지만 시시각각으로 거래가격이 변하고 아무리 시장에서 제3자 간 거래를 한다 하더라도 가치의 객관성을 100% 확보하기란 사실상 불가능합니다.

그리고 시가평가제도에는 큰 단점이 또 있습니다. 경영자들이 시가평가제도를 자신에게 유리하게만 이용할 가능성이 크다는 것입니다. 경영자들은 자산의 가치가 오를 때는 바로 재무제표에 오른 시가를 반영하는 반면 자산의 가치가 내릴 때는 낮아진 시가를 바로 반영하지 않을 수 있습니다.

시가평가 대상 주식, 채권

회계기준에서는 회사가 보유한 주식, 채권은 원칙적으로 시가평가하도록 하고 있습니다. 그리고 시가평가 대상 주식, 채권은 그 보유 목적에 따라 관련 평가손익을 수익 또는 비용으로 회계처리하는 주식 · 채권과 자본 계정과목인 기타포괄손익으로 회계처리하는 주식 · 채권으로 구분합니다.

매각을 통한 시세 차익으로 돈을 벌고자 취득하는 주식, 채권은 평가손익을 수익 또는 비용으로 회계처리합니다. 이런 주식, 채권을 일반기업회계기준에서는 '단기금융상품', 국제회계기준에서는 '당기손익-공정가치금융자산'이라고 합니다.

매각 이외의 방법으로 돈을 벌고자 취득하는 주식, 채권에서 발생하는 평가손익은 자본 계정과목인 기타포괄손익으로 회계처리합니다. 이러한 주식, 채권을 일반기업회계기준에서는 '매도가능증권', 국제회계기준에서는 '기타포괄손익-공정가치금융자산'이라고 합니다.

〈표〉 시가평가 주식, 채권의 구분과 명칭

구분	평가손익을 수익, 비용으로 회계처리	평가손익을 자본(기타포괄손익)으로 회계처리
일반기업회계기준 K-GAAP	단기금융상품	매도가능증권
국제회계기준 IFRS	당기손익 -공정가치금융자산	기타포괄손익 -공정가치금융자산

예를 들어 1년 이내에 매도할 목적으로 상장주식을 1,000원에 매입했는데 주가가 올라 1,200원이 된 경우 회계처리는 다음과 같이 합니다. 이 회계처리를 하면 주식의 장부가액이 기존 1,000원에서 200원을 더한 1,200원이 됩니다.

〈회계처리〉 시가평가

차변		대변	
계정	금액	계정	금액
자산(주식)	200	수익(평가이익)	200

이 사례에서 상장주식의 보유 목적이 단기에 매도하는 것이 아니라면 매도가능증권으로 분류하고 이익 200원을 회계처리할 때 대변은 수익이 아니라 자본 계정과목인 기타포괄손익이 옵니다.

재미있는 회계 상식

회계기간의 변경

미국발 금융 위기로 전 세계가 어려운 시간을 보내고 있던 2009년, 미국의 투자은행 골드만삭스는 2009년 2분기 실적을 34억 달러 흑자라고 발표했습니다. 이는 당시 월가의 흑자 예상치를 2배 이상 상회하는 수치였습니다.

여기에는 한 가지 꼼수가 숨어 있었습니다. 골드만삭스가 2009 회계연도부터 회계연도 기간을 1월부터 시작하는 것으로 변경한 것이었습니다. 이전 골드만삭스의 회계기간은 12월부터 다음연도 11월까지였습니다.

이러한 회계기간 변경으로 2008년 12월분의 실적이 2009년 2분기 실적에서 제외된 것이었습니다. 2008년 12월분 골드만삭스의 실적은 13억 달러의 손실이었습니다.

—《숫자로 경영하라 2》(최종학 지음) 중에서

24
투자주식, 연결재무제표

남북 화합의 상징이었던 개성공단에서 우리 기업들이 철수한 지도 벌써 6년이 넘었습니다. 개성에 있던 남북공동연락사무소마저 2년 전, 북한이 폭파시켰고요. 이러다 보니 남북을 이어 주던 끈, 개성이 우리에게 점차 잊혀져 가지 않나 싶은데요.

개성에는 남북 화합의 상징이었던 개성공단이 있습니다. 한때 개성공단엔 우리 기업 120여 곳이 입주해 5만 명 가까이 되는 북한 주민들을 고용했는데요.

"북측 사람들한테도 초코파이와 커피믹스, 이 두 가지는 상당히 좋은 그런 간식거리였습니다." — 《KBS 뉴스》, 2022.7.2.

개성공단은 2016년에 문을 닫았습니다. 한때 이곳에는 우리나라 회사 120여 곳이 입주해 5만 명 가까이 되는 북한 주민들을 고용하기도 했었습니다. 당시 개성공단 입주 기업들 중 많은 경우는 남한의 회사가 지분을 100% 보유하는 자회사를 설립하여 자회사에 북한 주민들을 고용하는 형태로 운영되었습니다.

피투자회사

회사는 다양한 목적으로 다른 회사의 주식을 보유합니다. 어떤 회사는 투자차액을 목적으로 상장회사의 주식을 취득하기도 합니다. 또 어떤 회사는 다른 회사와 공동으로 또 다른 회사를 소유하기도 합니다.

이처럼 회사의 투자 대상이 되는 다른 회사를 회계에서는 '피투자회사'라고 합니다. 그리고 회사 입장에서 이러한 피투자회사의 주식을 '투자주식'이라고 합니다.

회계는 회사가 보유한 지분율에 따라 피투자회사를 '관계기업' 또는 '종속기업'으로 구분합니다. 회사가 영향력을 행사하거나 지배할 목적으로 지분을 20% 이상에서 50% 미만을 가지고 있을 때 이러한 피투자회사를 관계기업, 그리고 그 지분율이 50%를 넘으면 종속기업이라고 합니다. 지분율이 20% 미만인 투자주식은 '매도가능증권' 또는 '매도가능금융자산'이라고 합니다. '매도가 가능한 증권'이라는 뜻입니다. 매도가능증권은 피투자회사에 영향력을 행사하거나 지배할 목적이 없다고 봅니다.

피투자회사 발행 주식의 평가

회사는 결산을 수행하면서 관계기업 또는 종속기업이 발행한 투자주식을 평가합니다. 이때 지분율이 20% 이상 50% 미만인 관계기업 투자주식에 대해서는 '지분법'이라는 방법으로 평가를 합니다. 그리고 지분율이 50% 이상인 종속기업에 대해서는 투자주식을 평가하지 않고 회사와 종속기업의 재무제표를 합산한 '연결재무제표'를 작성합니다.

관계기업 또는 종속기업 주식이 시장에서 거래되는 상장주식인 경우에도 지분법으로 평가하거나 연결재무제표를 작성합니다. 시장에서 거래되는 공정가치인 시가가 존재한다고 해서 시가를 투자주식의 금액으로 평가하지는 않습니다. 관계기업 또는 종속기업의 주식은 매도할 목적으로 보유하는 것이 아니기 때문입니다. 다만 상장된 관계기업 또는 종속기업의 시가 정보는 투자주식의 주석에 기재합니다.

지분법과 연결재무제표의 차이

예를 들어 다른 사람과 공동으로 1,000㎡의 토지를 소유하고 있습니다. 본인의 지분이 30%, 다른 사람의 지분이 70%입니다. 그러면 자신이 가진 토지의 면적은 300㎡이고 다른 사람이 가진 토지의 면적은 700㎡입니다. 이때 본인이 가진 토지의 면적이 300㎡라는 사실은 다음 두 가지 방식으로 표현할 수 있습니다.

첫 번째, "본인이 다른 사람과 공동으로 소유한 토지가 있습니다. 본인이 소유한 토지의 면적은 전체 지분의 30%에 해당하는 300㎡입니다."

두 번째, "본인이 다른 사람과 공동으로 소유한 토지가 있습니다. 토지의 면적은 총 1,000㎡입니다. 본인 토지의 면적은 다른 사람의 지분 70%에 해당하는 700㎡를 제외한 30%에 해당하는 300㎡입니다."

두 가지 방식 모두 본인이 가진 토지의 면적은 300㎡라는 사실을 표현하고 있습니다. 하지만 첫 번째는 계산 과정이 생략된 채 단순히 결과만 제시하고 있습니다. 두 번째는 '전체 땅의 크기는 얼마인데 다른 사람의 지분이 얼마라서 이를 제외하면 본인의 지분은 얼마이다'라고 과정까지 설명하고 있습니다. 첫 번째 표현방식이 지분법, 두 번째 표현방식이 연결재무제표입니다.

지분법 적용 사례

회사가 영향력을 행사하거나 지배할 목적으로 20% 이상 50% 미만의 지분을 가지고 있는 피투자회사 주식에 대해서는 지분법을 적용하여 평가합니다. 지분법은 피투자회사의 순자산가액 중 '지분율 해당금액'을 그 투자주식의 평가금액으로 결정합니다. 여기서 순자산가액은 자산에서 부채를 뺀 금액, 곧 자본 금액입니다.

〈지분법의 의의〉

관계기업투자주식 금액= 관계기업 순자산가액×지분율

예를 들어 A회사가 B회사를 지배할 목적으로 B회사 발행 주식의

20%를 1월 1일, 200원에 취득하여 이를 투자주식으로 분류하고 1년이 지난 12월 31일 현재 피투자회사인 B회사의 순자산가액이 1,200원(자산 3,000원, 부채 1,800원)인 경우, 이 투자주식을 지분법을 적용하여 평가해 봅니다.

먼저 B회사 순자산가액 중 A회사의 지분을 계산합니다. B회사의 순자산가액은 자산 3,000원에서 부채 1,800원을 차감한 1,200원이므로 A회사의 지분율 20%에 해당하는 B회사의 순자산가액은 [1,200원×20%]인 240원이 됩니다. 이는 A회사는 B회사 지분의 20%를 200원에 매입하였는데 지분에 해당하는 가액이 240원이 되어 A회사는 40원만큼 이익이 생겼음을 의미합니다. 이에 A회사는 지분법 적용 투자주식의 취득가액 200원을 지분가액에 해당하는 금액인 240원으로 조정하기 위해 다음과 같이 회계처리합니다.

〈회계처리〉 지분법이익의 발생

차변		대변	
계정	금액	계정	금액
자산(관계기업 투자주식)	40	수익(지분법이익)	40

대변의 '지분법이익'은 회계기간 중 관계기업 투자주식으로 인해 발생한 수익을 보여주는 계정과목입니다. 이 회계처리를 하면 관계기업 투자주식의 장부가액은 최초 200원에서 40원이 증가한 240원이 됩니다. 반대로 손실이 발생하는 경우 차변에 지분법손실, 대변에 관계기업 투자주식을 회계처리합니다.

연결재무제표

회사와 피투자회사는 법적으로 별도의 회사입니다. 그러나 회사가 다른 회사의 지분을 50% 이상 가지고 있으면 회사와 피투자회사를 하나의 회사로 보아 결산을 수행합니다. 실무적으로는 각각의 재무제표를 더하고 '내부거래'를 제거하는 방식으로 연결재무제표를 작성합니다.

〈표〉 연결재무제표 작성 원리

계정과목	회사	종속기업	합계	내부거래 제거	연결재무제표 금액
현금	100	200	300	-50	250
-	-	-	-	-	-
매출액	1,000	2,000	3,000	-500	2,500
자본	500	700	1,200	-200	1,000

연결재무제표는 연결재무상태표, 연결손익계산서, 연결현금흐름표, 연결자본변동표, 주석으로 구성됩니다. 재무제표의 구성과 동일하고 재무제표 이름에 '연결'만 덧붙이면 됩니다.

내부거래

연결재무제표에서 '내부거래'란 회사와 종속기업 사이에 이루어진 거래를 뜻합니다. 내부거래는 대표적으로 회사가 물건을 만들고 종속기업에 이를 판매하는 경우에 발생합니다.

즉 회사가 종속기업에 물건을 팔았습니다. 그래서 회사는 매출액

회계처리를 하였습니다. 그런데 결산일 현재 종속기업은 그 물건을 아직 외부에 판매하지 않았습니다. 연결재무제표를 작성할 때는 회사와 종속기업을 하나로 봅니다. 이에 이 경우는 매출이 발생한 것으로 보지 않습니다. 내부에서만 물건이 이동한 것이고 실제 현금을 외부로부터 벌어오는 거래가 아니기 때문입니다. 이에 이미 회사가 회계처리한 매출액을 취소합니다. 이를 '내부거래 제거'라고 합니다. 내부거래를 제거하면 회사가 이미 회계처리한 매출액이 연결재무제표에서 사라집니다.

연결재무제표 읽기

다음은 삼성전자의 2021회계연도 연결재무제표입니다. 삼성전자의 2021회계연도 연결 대상 종속기업은 228개였습니다. 먼저 연결손익계산서를 살펴봅니다.

삼성전자는 2021회계연도에 39,907,450백만 원, 약 39조 9천억 원의 연결당기순이익을 기록하였습니다. 삼성전자 자신과 종속기업의 손익계산서를 합치고 내부거래를 제거하여 계산된 당기순이익이 39조 9천억 원이라는 뜻입니다. 그런데 이 당기순이익이 두 개로 나뉘어 있습니다. '지배기업 소유주지분'과 '비지배지분'입니다. 당기순이익 39조 9천억 원 중 지배기업 소유주지분이 39조 2천억 원입니다. 지배기업인 삼성전자의 몫이 39조 2천억 원이라는 뜻입니다. 당기순이익의 98.3%에 해당하는 금액입니다.

이어 삼성전자 연결재무상태표의 자본 부분을 살펴봅니다. 삼성전자의 2021년 12월 31일 현재 자본총계는 304,899,931백만 원, 약

〈표〉 삼성전자 2021회계연도 연결손익계산서

연결손익계산서
제53기 : 2021년 1월 1일부터 2021년 12월 31일까지
제52기 : 2020년 1월 1일부터 2020년 12월 31일까지
삼성전자주식회사와 그 종속기업 (단위:백만 원)

과목	제53(당)기	제52(전)기
Ⅰ. 매출액	279,604,799	236,806,988
Ⅱ. 매출원가	166,411,342	144,488,296
Ⅲ. 매출총이익	113,193,457	92,318,692
Ⅳ. 영업이익	51,633,856	35,993,876
Ⅴ. 법인세비용차감전순이익	53,351,827	36,345,117
Ⅵ. 당기순이익	39,907,450	26,407,832
지배기업 소유주지분	39,243,791	26,090,846
비지배지분	663,659	316,986

304조 8천억 원입니다. 그리고 이 자본은 지배기업 소유주지분과 비지배지분으로 나뉘어 있습니다. 삼성전자의 총자본 304조 8천억 원 가운데 지배기업 소유주지분이 296조 2천억 원입니다. 삼성전자의 몫이 296조 2천억 원이라는 뜻입니다. 자본총계의 97.1%에 해당하는 금액입니다.

〈표〉 삼성전자 2021회계연도 연결재무상태표

연결재무상태표
제53기 : 2021년 12월 31일 현재
제52기 : 2020년 12월 31일 현재
삼성전자주식회사와 그 종속기업 (단위:백만 원)

과목	제53(당)기	제52(전)기
자본		
지배기업 소유주지분	296,237,697	267,670,331
Ⅰ. 자본금	897,514	897,514
Ⅱ. 주식발행초과금	4,403,893	4,403,893
Ⅲ. 이익잉여금	293,064,763	271,068,211
Ⅳ. 기타자본항목	-2,128,473	-8,699,287
비지배지분	8,662,234	8,277,685
자본총계	304,899,931	275,948,016

별도재무제표

연결재무제표는 회사와 종속기업의 재무상태와 재무성과를 하나의 실체로 묶어 보여줍니다. 반면 연결재무제표는 회사 자체만의 재무상태와 재무성과를 제대로 보여주지 못하는 단점도 있습니다. 이런 이유로 연결재무제표를 작성하는 회사에서는 연결재무제표와는 별개로 피투자회사의 주식금액을 취득가액 그대로 놔두거나 공정가치 등으로 평가하여 재무제표를 작성합니다. 이렇게 하여 작성된 재무제표를 별도재무제표라고 합니다.

개별재무제표

연결재무제표를 작성해야 하는 회사가 연결재무제표와 구분하기 위하여 종속기업 주식을 지분법으로 평가하여 재무제표를 작성하기도 합니다. 이를 '개별재무제표'라고 합니다. 한편 국제회계기준에서 사용하는 개별재무제표의 의미는 종속기업이 존재하지 않아 처음부터 연결재무제표를 작성할 필요가 없는 재무제표입니다.

〈표〉 재무제표의 종류와 의미

구분	내용
연결재무제표	일반기업회계기준(K-GAAP)과 국제회계기준(IFRS)에서 회사와 종속기업을 하나의 실체로 보아 작성한 재무제표
별도재무제표	국제회계기준에서 종속기업투자주식을 취득원가나 공정가치 등으로 평가하여 작성한 재무제표
개별재무제표	일반기업회계기준에서 연결재무제표와 구분하기 위해 종속기업투자주식을 지분법으로 평가하여 작성한 재무제표

〈핵심 정리〉 투자주식, 연결재무제표

- 지분법: 회사가 영향력을 행사하거나 지배할 목적으로 20% 이상 50% 미만의 지분을 보유한 피투자회사 주식에 대해 적용하는 평가방법
  - 지분법은 피투자회사의 순자산가액 중 '지분율 해당금액'을 그 투자주식의 평가금액으로 결정
- 연결재무제표: 회사와 종속기업을 하나의 실체로 보아 작성한 재무제표

재미있는 회계 상식

최초의 주식회사

우리나라는 회사의 형태를 주식회사, 유한회사, 합자회사, 합명회사로 구분합니다. 이 중 가장 대표적인 회사 형태는 주식회사입니다. 주식회사는 주식이라는 증권을 발행하고 주주가 이 주식을 사면서 회사에 납입한 현금을 기반으로 설립된 회사입니다.

주식회사는 다른 형태의 회사보다 주주에게 유리합니다. 회사가 아무리 큰 사고를 쳐도 일반 주주는 자신이 납입한 자본금만 버리고 회사를 떠날 수 있기 때문입니다. 이러한 장점으로 주식회사는 많은 주주로부터 대규모의 자본을 끌어모을 수 있었습니다.

세계 최초의 주식회사는 1602년 설립된 네덜란드의 동인도회사(VOC, Vereenigde Oost-Indische Compagnie)입니다. Vereenigde는 연합이라는 뜻입니다. 동인도회사는 당시 로테르담 등 7개의 회사를 합병하여 만든 회사였습니다. 이 회사는 '주식'이라는 증권을 만들어 아무런 관계가 없던 사람들에게도 판매했습니다. 회사의 경영자가 아닌 일반 주주로부터 자금을 조달하기 시작한 것

네덜란드 동인도회사 깃발

이었습니다. 네덜란드는 주식을 거래할 수 있는 증권거래소도 설립했습니다. 역시 세계 최초였습니다.

주식회사와 주식은 당시 엄청난 인기를 끌었습니다. 회사에 손실이 발생하더라도 자신이 주식에 투자한 금액만 포기하면 되었고, 배당을 받을 수도 있었으며, 증권거래소에서 주식을 팔 수도 있었기 때문입니다. 주식회사는 계속 설립되고 주주도 많아졌습니다.

한편 대다수의 주주들은 회사 또는 경영자와 아무런 관계가 없었습니다. 이렇게 소유와 경영이 분리된 상황에서 주주들은 회사의 정확한 이윤을 알고 싶어 했습니다. 이에 회사는 이윤이 정확히 얼마인지를 계산하기 위해 복식부기 방식으로 회계처리를 해야 했습니다. 이렇게 복식부기는 주식회사와 더불어 더욱 발전해 나갔습니다.

25
투자주식의 분류 변경

> 금융감독원은 2017년 3월 삼성바이오로직스 자회사 삼성바이오에피스 분식회계 의혹에 대한 특별감리에 착수했다. 금융위원회 산하 증권선물위원회는 같은 해 11월 삼성바이오로직스가 삼성바이오에피스 회계처리 기준을 종속회사에서 관계회사로 변경한 것이 고의 분식회계로 판단된다는 결론을 내렸다. ―《단비뉴스》, 2020.11.18.

2012년 미국 바이오젠과 공동으로 삼성바이오에피스를 설립한 삼성바이오로직스는 계속 적자를 기록하다가 2015년 1조 9,000억 원의 흑자를 실현합니다. 이는 삼성바이오로직스가 그동안 '종속기업'으로 분류하였던 삼성바이오에피스를 '관계기업'으로 다시 분류하고 삼성바이오에피스의 공정가치를 다시 평가하여 기존 장부가액과의 차이를 수익으로 회계처리하였기 때문이었습니다. 국제회계기준에 따르면 종속기업이 관계기업으로 바뀔 때는 투자주식의 금액을 공정가치로 평가하고 기존 장부가액과의 차액을 평가이익으로 회계처리할 수 있습니다.

복잡하고 이해하기 어려운 이 사건을 간단한 예시로 요약하면 다음과 같습니다. A회사가 B회사의 지분 51%를 3백만 원에 취득하여 최대주주가 되었습니다. B회사의 지분 49%는 C회사가 가지고 있습니다. A회사는 지분 51%를 취득하자마자 B회사를 종속기업으로 보아 연결재무제표를 작성하였습니다. 문제는 B회사가 계속 적자를 보고 있다는 점이었습니다. 그래도 A회사는 B회사의 미래는 유망할 것이라고 예상하고 B회사의 기업가치를 평가해보았습니다. B회사의 기업가치가 1천만 원으로 평가되었습니다.

그러던 중 C회사가 갑자기 공동으로 회사를 경영하자고 주장했습니다. A회사는 처음엔 난감했지만 곧 제안을 받아들이기로 했습니다. B회사를 C사와 공동으로 경영하게 되면 더 이상 B회사는 A회사의 종속회사가 아닌 관계기업이 되고, B회사를 평가했을 때의 기업가치인 1천만 원으로 평가하여 평가이익 7백만 원을 회계처리할 수 있었기 때문입니다.

원칙 중심 회계기준

삼성바이오로직스가 종속기업이었던 삼성바이오에피스를 관계기업으로 재분류한 것이 정당했는지 여부가 이 사건의 쟁점입니다. 이

SAMSUNG
BIOLOGICS

SAMSUNG
BIOEPIS

삼성바이오로직스가 삼성바이오에피스를 관계기업으로 재분류한 것은 정당하였나?

는 실제로 바이오젠과 공동경영이 이루어졌는지 등에 대한 판단에 따라 결론이 나게 될 것입니다. 하지만 삼성바이오로직스가 분식회계를 했다는 금융감독원의 주장에 대한 반론도 있습니다. 원칙 중심의 회계기준인 국제회계기준은 회계처리 방법을 구체적으로 제시하지 않고 회계처리의 기본 원칙만을 제시하여 회사가 비교적 자유롭게 회계처리할 수 있도록 하고 있습니다. 즉, 국제회계기준에서는 종속기업을 관계기업으로 재분류하는 기준에 관한 세부 규정이 없으므로 주석에 왜 그런 판단을 했는지 설명하고 회계감사인이 인정했다면 이것으로 충분하다는 주장입니다.

이러한 반론에도 불구하고 금융감독원은 2018년 5월, 삼성바이오로직스의 이러한 '종속기업투자주식' 회계처리는 '분식회계 혐의가 있다'라고 결론을 내리고 관련자들을 고발하였습니다. 삼성바이오로직스의 분식회계 여부는 향후 법원에서 최종 판단이 내려지게 되었습니다.

재미있는 회계 상식

슈퍼 리치의 기준

얼마 전 한 방송에서 방송인 김구라 씨는 "현금성자산이 한 500억 원 정도 있어야 슈퍼 리치"라고 말했습니다. 슈퍼 리치의 기준을 설명하면서 '현금'이 아닌 '현금성자산'이라는 용어를 사용한 것이 눈에 띄었습니다. 일상생활에서 잘 사용하지 않기 때문이지요. 방송에서 김구라 씨가 이 용어를 정확히 어떤 의미로 사용하였는지는 분명하지 않습니다. 아마도 예금은 물론이고 쉽게 현금으로 바꿀 수 있는 주식도 포함하지 않았을까 추측해봅니다.

회계에서 현금성자산은 지폐, 동전과 같은 현금과 유사한 성질의 자산을 의미하는 계정과목입니다. 현금이 가진 가장 중요한 성질은 즉시, 그리고 쉽게 물건을 사거나 필요한 용도에 사용할 수 있다는 점입니다. 이러한 성질을 가진 것으로는 대표적으로 보통예금, 타인발행수표가 있습니다. 정기예금, 정기적금, 채권 등도 원하면 바로 계약을 해지하고 현금으로 바꿀 수 있지만, 회계에서는 예금에 가입할 때 만기 3개월 이내인 정기예금, 정기적금, 채권만 현금성자산으로 봅니다.

한편 회계에서 상장주식은 현금성자산으로 보지 않습니다. 상장주식은 현금으로 쉽게 바꿀 수 있기는 하지만 가치가 고정되어 있지 않고 시장에서 수시로 변동하여 거래되기 때문입니다.

26
자본 그리고 주식

2022년 6월, 세계적인 보험·금융투자기업인 버크셔 해서웨이의 CEO인 워런 버핏 회장과 함께하는 점심 식사권이 역대 최고가인 1,900만 달러에 낙찰되었습니다. 종전 최고 기록이었던 2019년의 456만 달러보다 4배 이상 많은 금액입니다. 낙찰자는 뉴욕 맨해튼에 있는 고급 식당에서 버핏 회장과 점심 식사를 하며 평생 잊을 수 없는 오후 시간을 보내게 됩니다. 낙찰자와 동석자는 버핏 회장에게 투자와 관련한 다양한 궁금증을 묻고 조언을 구할 수 있습니다. 단 "어떤 주식에 투자하면 좋을까요"라는 질문은 할 수 없습니다.

워렌 버핏은 세계적인 갑부이고 버크셔 해서웨이라는 보험·금융투자사의 회장이면서 주식투자의 대가로 알려져 있습니다. 그는 '사랑하는 자녀의 미래를 위해 무엇을 가르쳐야 하나요?'라는 질문에 '당연히 회계'라고 답할 정도로 회사에 대한 회계적인 분석을 바탕으로 하는 주식투자를 중요하게 여기는 사람입니다.

주식

회사는 주식을 발행합니다. 그리고 주주에게 이를 교부하고 주주는 각자 분배된 금액을 납입합니다. 주주가 납입한 자금은 회사의 밑천이 되어 회사의 활동에 사용됩니다. 한편 주주는 회사의 주인으로서 주주총회에 참석하여 주요한 사안을 결정할 수 있는 의결권과 영업활동의 결과물인 이익을 분배받을 권리인 배당권을 갖습니다.

주식은 '주권'이라고도 합니다. 주식은 '보통주'와 '우선주'로 구분됩니다. 보통주는 기본적인 주주의 권리인 의결권과 배당을 받을 권리를 가지고 있는 주식입니다. 반면에 우선주는 보통주보다 높은 배당을 받을 권리를 가지지만, 대신에 보통주와 같은 의결권을 행사할 수는 없습니다.

주권에는 금액이 적혀 있습니다. 이를 '액면가액'이라 합니다. 상법에서는 액면가액을 100원 이상으로 규정하고 있습니다. 하지만 우리나라 주식 대부분의 액면가액은 5,000원 또는 500원입니다. '발행가액'은 주식의 발행으로 실제 회사에 수입된 금액입니다. 회사 설립 시에는 보통 액면가액으로 주식을 발행합니다.

'자본금'은 주식의 액면가액을 지칭하는 다른 표현입니다. 자본금은 곧 주식의 액면가액이라는 의미입니다. 자본금의 금액은 주당 액면가액에 주식 수를 곱하여 계산합니다. 예를 들어 액면가액 5,000원짜리 주식 1,000주를 7,000원에 발행한 경우에도 회사의 자본금은 액면가액인 5,000원에 1,000주를 곱한 5,000,000원이 됩니다.

회사는 설립 후 언제든지 자본금을 증액할 수 있습니다. 이를 '증자'라고 합니다. 증자는 현금이 회사로 수입되는 '유상증자'와 그렇지 않은 '무상증자'로 구분합니다.

회사는 유상증자를 실시하여 주권을 액면가액보다 높거나 낮은 가격으로 발행할 수 있습니다. 액면가액보다 높은 가격으로 주식을 발행하면 '할증 발행', 낮은 가격으로 발행하면 '할인 발행'이라고 합니다. 할증 발행은 액면가액인 자본금보다 현금이 더 많이 수입되고 할인 발행은 액면가액보다 현금이 적게 수입됩니다. 대체적으로 주식 발행 당시의 회사 가치가 자본금보다 높으면 액면가액보다 높게 발행하고 자본금보다 낮으면 액면가액보다 낮게 발행합니다.

주식발행초과금

액면가액이 5,000원인 주식 1주를 7,000원에 할증 발행하면 현금은 7,000원이 수입됩니다. 하지만 장부의 자본금은 5,000원만 증가합니다. 여기에서 주식을 할증 발행하여 자본금을 초과하여 회사로 수입된 현금을 '주식발행초과금'이라고 합니다. 그리고 주식발행초과금은 자본금을 초과하여 수입된 현금을 처리하는 자본 계정과목입니다. 액면가액이 5,000원인데 7,000원에 주식을 할증 발행한 경우 다음과 같이 회계처리합니다.

〈회계처리〉 유상증자 - 할증 발행

차변		대변	
계정	금액	계정	금액
현금	7,000	자본(자본금)	5,000
		자본(주식발행초과금)	2,000
합계	7,000	합계	7,000

무상증자

회사에서는 주주에게 주식을 공짜로 나누어주기도 합니다. 이때 사용되는 방법이 '무상증자'입니다. 무상증자는 발행 주식의 수만 늘 뿐 유상증자와 같이 회사에 현금이 들어오지는 않습니다. 무상증자가 실시되면 자본잉여금을 감소시키고 자본금을 증가시키는 회계처리를 합니다. 늘어나는 주식 수는 {줄어드는 자본잉여금 ÷ 주식의 액면가액}으로 계산합니다. 무상증자는 주식을 액면가액으로만 발행하기에 할증 또는 할인 발행이 없습니다. 액면가액 5,000원인 1주를 무상증자한 경우 다음과 같이 회계처리합니다.

〈회계처리〉 무상증자

차변		대변	
계정	금액	계정	금액
자본(자본잉여금)	5,000	자본(자본금)	5,000

감자

회사는 자본금을 증가시키는 유상증자를 할 수도 있지만 반대로 자본금을 감소시킬 수도 있습니다. 자본금을 감소시키는 것을 '감자'라고 합니다. 감자는 회사의 설립 기반이 되는 자금인 자본금을 줄이는 것이기에 상법은 감자를 원칙적으로 금지하고 엄격한 조건에서만 허용하고 있습니다.

증자에 유상증자와 무상증자가 있듯 감자에도 '유상감자'와 '무상감자'가 있습니다. 유상감자는 자본금을 줄이면서 회사의 현금이 주주에게 지출되는 감자입니다. 그리고 무상감자는 자본금을 줄이지만 회사의 현금이 주주에게 지출되지 않는 감자를 의미합니다. 일반적으로 무상감자는 기업회생절차와 같이 대주주에게 책임을 지우는 경우에 주로 이루어집니다. 감자가 있게 되면 해당 주식은 소멸하는데 이를 '태워버린다'는 의미로 '소각'이라고 표현합니다.

유상증자를 실시할 때 주식의 발행가액과 액면가액에 차이가 있을 수 있는 것처럼 유상감자를 할 때도 감자가액과 액면가액이 다를 수 있습니다. 이때 감자가액과 액면가액의 차이를 '감자차익' 또는 '감자차손'이라고 합니다. 감자차익은 '감자를 통해 이익이 발생했다'는 뜻입니다. 여기에서 말하는 이익은 '줄어든 자본금보다 현금이 적게 지출되었다'는 의미입니다.

자기주식 또는 자사주

회사는 자신이 발행한 주식을 주주로부터 매입할 수 있습니다. 이렇게 회사가 매입한 자신의 주식을 '자기주식' 또는 '자사주'라고 합니다. 회계에서는 주로 '자기주식'이라고 합니다. 상법은 자기주식의 취득을 원칙적으로 금지하고 있습니다. 이에 취득한 자기주식은 일반적으로 단기간 내에 소각하거나 재매각합니다. 그리고 자기주식에는 주주총회 의결권과 배당을 받을 권리를 부여하지 않습니다.

주주는 투자한 기업의 자기주식 매입을 긍정적으로 봅니다. 자기주식 매입은 회사가 주가를 관리하고 있다는 신호를 시장에 보내는 것이고 매입 후 이를 소각하면 유통 주식 수가 줄어들고 주당순이익(EPS, Earnings Per Share)이 증가하여 주가가 오를 가능성이 있기 때문입니다. 자기주식의 매입·소각은 배당보다 더 효과가 큰 주주환원 정책이라 할 수 있습니다. 실제 애플은 2021년에 102조 원(855억 달러)어치의 자기주식을 사들여 소각했는데, 그 결과 주가가 큰 폭으로 상승했습니다. 우리나라의 SK텔레콤 역시 2021년에 2조 6000억 원 상당의 자기주식 869만 주를 소각해 화제를 모으기도 했습니다.

자기주식 회계처리

회사가 자기주식을 1천 원에 매입한 경우 다음과 같이 회계처리합니다.

〈회계처리〉 자기주식의 취득

차변		대변	
계정	금액	계정	금액
자본(자기주식)	1,000	현금	1,000

자기주식을 처분하면 처분가액과 취득가액 사이에 차이가 발생하게 되고 이에 따라 처분손익이 발생합니다. 처분가액이 취득가액보다 크면 처분이익, 처분가액이 취득가액보다 적으면 처분손실이 발생합니다. 자기주식의 처분에서 발생한 처분손익은 손익계산서에 반영되지 않고 '자기주식 처분손익'이라는 자본 계정과목으로 회계처리 합니다. 자기주식을 처분하는 거래는 손익거래에 해당하지 않기 때문입니다.

예를 들어 5천 원에 취득한 자기주식을 7천 원에 처분한 경우 다음과 같이 회계처리합니다.

〈회계처리〉 자기주식의 처분

차변		대변	
계정	금액	계정	금액
현금	7,000	자본(자기주식)	5,000
		자본(자기주식처분이익)	2,000
합계	7,000	합계	7,000

자기주식에는 의결권을 행사하거나 배당을 받을 권리가 존재하지 않기에 자기주식을 투자자산으로 볼 수 없습니다. 또한 자기주식의 취득은 유상감자와 실질적으로 차이가 없습니다. 이에 회계기준은 자기주식을 자산이 아닌 음수(−)의 자본으로 분류합니다. 그 결과 자기자본은 자본금액을 감소시킵니다. 예를 들어 자산이 현금 3,000원, 부채가 차입금 2,000원, 자본금 1,000원이었던 회사가 자기주

식을 100원에 취득한 경우 재무상태표는 다음과 같이 작성합니다.

〈표〉 자기주식 취득 후 재무상태표 예시

자산		부채	
현금	2,900	차입금	2,000
		자본	
		자본금	1,000
		자기주식	−100
합계	2,900	합계	2,900

배당

'배당'은 회사 운영의 결과인 이익을 주주에게 나누어주는 것입니다. 현금으로 주는 배당을 '현금배당', 주식으로 주는 배당을 '주식배당'이라고 합니다. 배당은 주주가 회사에 투자한 자본금에 대한 대가로 차입금과 달리 회사가 의무적으로 지출해야 하는 것은 아닙니다. 하지만 회사의 주인인 주주가 배당하라고 하면 회사는 이에 따라야만 합니다. 이에 상법은 회사가 무분별하게 배당을 하여 자본이 줄어드는 것을 방지하기 위해 '배당가능이익'이라는 것을 설정하였습니다. 배당가능이익은 자본총계에서 자본금과 법정준비금을 차감한 가액으로 계산합니다. 상법은 이 배당가능이익의 한도 내에서만 배당할 수 있도록 하였습니다. 그리고 배당의 원천은 이익잉여금입니다. 이에 배당으로 지출되는 현금은 이익잉여금이라는 자본 계정과목으로 회계처리합니다. 즉 이익잉여금이 없으면 배당을 할 수 없습니다.

예를 들어 주주에게 현금으로 1,000원을 배당한 경우 다음과 같이 회계처리합니다.

〈회계처리〉 현금배당

차변		대변	
계정	금액	계정	금액
자본(이익잉여금)	1,100	현금	1,000

배당을 주식으로 하는 '주식배당'도 있습니다. 주식배당은 발행주식의 수를 늘립니다. 주식배당이 실시되면 이익잉여금을 감소시키고 자본금을 증가시키는 회계처리를 합니다. 늘어나는 주식 수는 {줄어드는 이익잉여금 ÷ 주식의 액면가액}으로 계산합니다. 주식배당은 주식을 액면가액으로만 발행하기에 할증 또는 할인 발행이 없습니다.

〈회계처리〉 주식배당

차변		대변	
계정	금액	계정	금액
자본(이익잉여금)	5,000	자본(자본금)	5,000

재미있는 회계 상식

관리회계의 탄생

관리회계를 창설한 제임스 매킨지 교수

1919년 미국 시카고 대학의 회계학과 교수인 제임스 매킨지(James Oscar Mckinsey)는 이전과 다른 새로운 회계 강좌를 개설했습니다. 과잉 설비와 재고 문제, 이익 창출 방안을 고민하는 경영자에게 실제적인 도움을 주고자 고민한 끝에 탄생한 교육과정이었습니다. 강좌명은 '관리회계(Management)'였습니다.

맥킨지 교수는 이 강좌에서 '예산관리'를 가르쳤습니다. 몇 대를 만들어 몇 대를 팔고, 얼마의 이익을 남길 것인가가 학습의 주요 내용이었습니다. 맥킨지 교수는 변동비, 고정비, 한계이익, 손익분기점이라는 개념을 확립하고 미래의 이익을 예측하는 데 이들을 적용하였습니다. 훗날 맥킨지 교수는 경영컨설팅 회사인 매킨지앤컴퍼니를 설립합니다.

27
재무제표의 분석

추석 연휴가 끝나면 상장사들의 3분기 성적표가 공개된다. 분기보고서와 함께 제출하는 재무제표는 투자자에게 기업상태를 확인할 수 있는 자료지만 복잡한 숫자들 속 유의미한 정보를 걸러내는 일은 쉽지 않다. 금융감독원은 최근 기업의 실적을 제대로 분석하고 투자자의 의사결정을 돕기 위해 '재무제표 확인 시 놓치지 말아야 할 주요 체크포인트'를 안내했다. 금감원 측은 "재무제표 분석 시 가장 중점적으로 살펴봐야 할 항목과 재무제표 구성항목의 연관성 등을 고려했다"며 체크포인트 선정 배경을 설명했다. —《머니투데이》, 2018.9.23

금융감독원은 이 '재무제표 확인 시 놓치지 말아야 할 체크포인트'

에서 1) 재무제표 본문뿐 아니라 관련 항목에 대해 구체적인 설명을 하는 주석에도 주목할 것, 2) 종속회사가 있고, 특히 계열사 사이에 거래가 많은 회사라면 별도재무제표와 함께 연결재무제표를 파악하고 둘을 비교할 것, 3) 당기 재무제표뿐만 아니라 2개년 이전 과거 기간 재무제표를 확인하여 회사의 미래 성장 전망 등을 파악하여 투자대상 회사를 선택할 것을 권고하고 있습니다.

어떤 회사의 재무제표를 분석하는 것은 주식 투자 종목을 선정할 때뿐 아니라 회사의 매출, 매입 거래처를 선택하고 거래처의 신용을 평가할 때에도 반드시 필요한 절차입니다. 이에 삼성전자를 대상으로 간략하게 재무제표 분석을 해보면서 재무제표 분석이 실제 어떻게 이루어지는지를 알아봅니다.

분석 대상 재무제표는 금융감독원의 전자공시시스템에서 발췌한 삼성전자의 제53기, 2021회계연도 별도재무제표입니다. 별도재무제표는 연결재무제표를 작성해야 하는 회사에서 연결재무제표를 작성하지 않고 관계기업, 종속기업 등 피투자회사의 주식가액을 공정가치 또는 취득가액 등으로 반영하여 작성하는 재무제표입니다. 삼성전자는 관계기업투자주식, 종속기업투자주식의 주식가액을 취득가액 그대로 반영하고 있습니다.

손익계산서

수익과 비용, 그리고 그 차액인 이익을 보여주는 손익계산서를 먼저 분석합니다. 손익계산서 맨 윗줄을 보면 '제53기', '2021.1.1부터 2021.12.31까지'라고 쓰여 있습니다. 이는 회계기간입니다.

2021년은 삼성전자가 설립된 지 53년이 되는 연도입니다. 제52기, 2020회계연도와 제51기, 2019회계연도가 함께 표시되어 있습니다.

〈표〉 삼성전자의 손익계산서(단위: 백만 원)

구분	제53기 2021.1.1부터 2021.12.31까지	제52기 2020.1.1부터 2020.12.31까지	제51기 2019.1.1부터 2019.12.31까지
수익(매출액)	199,744,705	166,311,191	154,772,859
매출원가	135,823,433	116,753,419	113,618,444
매출총이익	63,921,272	49,557,772	41,154,415
판매비와 관리비	31,928,110	29,038,798	27,039,348
영업이익	31,993,162	20,518,974	14,115,067
기타수익	7,359,004	797,494	5,223,302
기타비용	745,978	857,242	678,565
금융수익	3,796,979	5,676,877	4,281,534
금융비용	3,698,675	5,684,180	3,908,869
법인세비용차감전 순이익(손실)	38,704,492	20,451,923	19,032,469
법인세비용	7,733,538	4,836,905	3,679,146
계속영업이익(손실)	30,970,954	15,615,018	15,353,323
당기순이익(손실)	30,970,954	15,615,018	15,353,323
주당이익	-	-	-
기본주당이익 (단위: 원)	4,559	2,299	2,260

그런데 재무제표의 단위가 백만 원이라고 적혀 있습니다. 이는 보이는 숫자 오른쪽에 0이 6개 더 있다는 뜻입니다. 이에 가장 큰 금액

인 제53기 수익(매출액)의 실제 숫자는 '199,744,705'에 0이 6개 더 붙은 199,744,705,000,000원입니다. 199조 원이 넘습니다. 반올림하면 200조 원이 됩니다. 엄청나게 큰 숫자입니다.

수익, 이익

손익계산서를 통해 매출액, 매출총이익, 영업이익, 당기순이익, 주당이익 등 매출액과 이익의 금액, 그리고 과거부터 최근까지 계속 커지고 있는지를 확인합니다. 좋은 회사는 계속 성장하기 때문입니다.

삼성전자의 경우 2019년 매출액 154조 원에서 2020년 166조 원, 2021년 199조 원 등 지속적으로 증가하고 있습니다. 매출총이익, 영업이익, 당기순이익도 마찬가지로 계속 증가하고 있습니다.

〈표〉 삼성전자의 수익, 이익 추이(단위 : 조 원)

구분	제53기	제52기	제51기
수익(매출액)	199	166	154
매출총이익	63	49	41
영업이익	31	20	14
당기순이익	30	15	15
기본주당이익	4,559원	2,299원	2,260원

매출액 대비 영업이익 비율인 매출총이익율, 매출액 대비 영업이익 비율인 영업이익율, 매출액 대비 당기순이익 비율인 당기순이익율의 추이를 계산합니다. 이 비율들은 재무제표에서 보여주지 않습

니다. 다음의 표를 보면 이 비율들이 매출액 증가와 더불어 계속적인 상승세를 보여주고 있습니다. 만일 매출액 등이 큰 폭으로 또는 지속적으로 줄어들고 있다면 그 원인을 추가로 분석합니다.

〈표〉 매출액 등 추이

구분	제53기	제52기	제51기
수익(매출액)	199조	166조	154조
매출총이익	63조	49조	41조
매출총이익율	32.0%	29.8%	26.6%
영업이익	31조	20조	14조
영업이익율	16.0%	12.3%	9.1%
당기순이익	30조	15조	15조
당기순이익율	15.5%	9.4%	9.9%

대손상각비, 손상차손

대규모의 대손상각비, 손상차손 금액이 있는지를 확인합니다. 대손상각비와 손상차손은 회사가 회수해야 할 채권 또는 자산의 금액을 정상적으로 회수할 수 없다고 예상될 때 발생주의에 따라 회수불가능한 금액을 처리하는 비용 계정과목입니다.

그런데 삼성전자의 손익계산서를 보면 대손상각비와 손상차손 계정과목이 존재하지 않습니다. 어떻게 된 것일까요? 너무 좋은 회사라 이런 비용이 발생하지 않는 것일까요? 그렇지 않습니다. 대손상각비, 손상차손은 판매비와 관리비, 기타비용 등에 포함되어 있습니다. 손익계산서에 표시되지 않은 세부 내역은 주석에서 확인합니다.

주석

다음의 표는 삼성전자의 재무제표 '주석 7. 매출채권 및 미수금' 부분으로 전기 말 금액과 당기 말 금액의 상황을 보여줍니다.

주석 7. 매출채권 및 미수금(단위:백만 원)

가. 보고기간 종료일 현재 매출채권 및 미수금의 내역은 다음과 같습니다.

구분	당기 말		전기 말	
	매출채권	미수금	매출채권	미수금
채권액	33,353,467	1,855,136	24,841,610	1,915,583
차감: 손실충당금	−56,610	−4,397	−37,469	−7,014
소 계	33,296,857	1,850,739	24,804,141	1,908,569

나. 당기 및 전기 중 손실충당금의 변동 내역은 다음과 같습니다.

구분	당기		전기	
	매출채권	미수금	매출채권	미수금
기초	37,469	7,014	37,992	5,331
대손상각(환입)	19,235	−1,998	−489	1,739
제각	−94	−619	−34	−56
기말	56,610	4,397	37,469	7,014

'보고기간 종료일'은 이 재무제표의 결산일인 2021년 12월 31일을 의미합니다. '당기말'과 같은 뜻입니다. 전기는 이 재무제표의 보고기간인 2021년의 이전 회계연도를 의미합니다. 따라서 전기는 2020년 회계연도이고 전기말은 2020년 12월 31일입니다.

삼성전자의 2021년 12월 31일 현재 매출채권 내역을 보면 매출채권 잔액은 33조 원입니다. 이 중 566억 원 정도는 못 받을 것 같습니다. 그래서 손실충당금으로 566억 원을 회계처리하였습니다. 손실충당금은 대손충당금과 같은 의미입니다.

이어 손실충당금의 당기 중 변동을 분석합니다. 당기에 192억 원을 대손상각했습니다. 전기 말 374억 원의 손실충당금이 있었고 당기에 192억 원을 추가 대손상각 처리하였습니다. 새로 대손상각 처리한 192억 원은 전기 말의 374억 원에 비하면 상당히 큰 숫자로 보입니다. 하지만 전체 매출채권 잔액 33조 원에 비춰보면 192억 원은 전체 매출채권 잔액의 0.06%에 해당하는 금액으로 크지 않습니다.

재무상태표

이어 재무상태표를 통해 회사의 재무상황을 분석합니다. 현금은 충분한지, 유동부채가 유동자산보다 많지는 않은지, 차입금은 많은지, 부채비율은 얼마나 되는지 등을 파악합니다.

〈표〉 삼성전자의 재무상태표(단위:백만 원)

구분	제53기 2021.12.31 현재	제52기 2020.12.31 현재	제51기 2019.12.31 현재
자산	-	-	-
유동자산	73,553,416	73,798,549	72,659,080
현금및현금성자산	3,918,872	989,045	2,081,917
단기금융상품	15,000,576	29,101,284	26,501,392
매출채권	33,088,247	24,736,740	26,255,438

미수금	1,832,488	1,898,583	2,406,795
선급비용	817,689	890,680	813,651
재고자산	15,973,053	13,831,372	12,201,712
기타유동자산	2,922,491	2,350,845	2,398,175
비유동자산	177,558,768	155,865,878	143,521,840
기타포괄손익-공정가치금융자산	1,662,532	1,539,659	1,206,080
당기손익-공정가치금융자산	2,135	3,107	3,181
종속기업, 관계기업 및 공동기업 투자	56,225,599	56,587,548	56,571,252
유형자산	103,667,025	86,166,924	74,090,275
무형자산	8,657,456	7,002,648	8,008,653
순확정급여자산	2,324,291	1,162,456	486,855
이연법인세자산	1,211,100	992,385	547,176
기타 비유동자산	3,808,630	2,411,151	2,608,368
자산총계	251,112,184	229,664,427	216,180,920
부채	-	-	-
유동부채	53,067,303	44,412,904	36,237,164
매입채무	11,557,441	6,599,025	7,547,273
단기차입금	9,204,268	12,520,367	10,228,216
미지급금	13,206,753	9,829,541	9,142,890
선수금	474,731	424,368	355,562
예수금	624,585	432,714	383,450
미지급비용	8,275,410	7,927,017	5,359,291
당기법인세부채	5,599,896	3,556,146	788,846
유동성장기부채	139,328	87,571	153,942
충당부채	3,643,853	2,932,468	2,042,039
기타유동부채	341,038	103,687	235,655
비유동부채	4,851,149	1,934,799	2,073,509

사채	29,048	31,909	39,520
장기차입금	431,915	150,397	174,651
장기미지급금	2,653,715	1,247,752	1,574,535
장기충당부채	1,659,774	503,035	283,508
기타비유동부채	76,697	1,706	1,295
부채총계	57,918,452	46,347,703	38,310,673
자본	-	-	-
자본금	897,514	897,514	897,514
우선주자본금	119,467	119,467	119,467
보통주자본금	778,047	778,047	778,047
주식발행초과금	4,403,893	4,403,893	4,403,893
이익잉여금	188,774,335	178,284,102	172,288,326
기타자본항목	-882,010	-268,785	280,514
자본총계	193,193,732	183,316,724	177,870,247
부채와 자본 총계	251,112,184	229,664,427	216,180,920

현금 및 현금성자산

재무상태표에서 가장 먼저 봐야 할 계정과목은 현금 및 현금성자산입니다. 현금은 많은 것이 좋습니다. 다만 그 원천이 무엇인지도 따져봐야 합니다. 영업이 잘되어 돈을 벌고 있는 것인지, 채권·주식을 발행하거나 자산을 매각해서 일시적으로 현금이 많은 경우인지를 따져봐야 합니다. 이를 위해 현금흐름표도 함께 봐야 합니다.

〈표〉 삼성전자의 현금 및 현금성자산(단위:백만 원)

구분	제53기	제52기	제51기
현금 및 현금성자산	3,918,872	989,045	2,081,917

삼성전자에는 2021년 12월 31일 현재 3조 9,188억 원의 현금 및 현금성자산이 있습니다. 전기 말 현재 9,890억 원보다 무려 2조 9,298억 원이 증가한 수치입니다. 어떤 연유로 현금 및 현금성자산이 이렇게 증가하였는지 현금흐름표를 통해 파악합니다.

〈표〉 삼성전자의 현금흐름표 요약

구분	제53기	제52기	제51기
영업활동 현금흐름	51,250,069	37,509,025	22,796,257
투자활동 현금흐름	−24,435,207	−31,175,575	−13,537,171
재무활동 현금흐름	−23,885,054	−7,426,376	−9,787,719
현금 및 현금성 자산의 순증감	2,929,827	−1,092,872	−526,040

삼성전자는 2021회계연도에 현금 및 현금성자산이 2조 9천 억원 증가하였습니다. 영업활동 현금흐름이 51조 2천억 원 증가하였고, 투자활동 현금흐름은 24조 4천 억원 감소하였으며, 재무활동 현금흐름도 23조 3천억 원 감소하였습니다. 투자활동과 재무활동 현금흐름의 주요한 변동 원인을 현금흐름표에서 좀 더 자세히 살펴보면, 투자활동에서 24조 원의 현금이 감소한 것은 유형자산 취득에 36조 원을 투자한 데 주요 원인이 있고, 재무활동에서 24조 원이 감소한 주요 원인은 배당금을 20조 원 지출한 데 있습니다. 보통 대부분의 회사에서 재무활동 현금흐름의 증감은 차입금의 변동에 그 원인이 있는데 2021회계연도 삼성전자의 재무활동 현금흐름의 주요 원인은 영업 호황에 따른 배당에 있었습니다.

차입금

현금 및 현금성자산에 이어 차입금을 분석합니다. 단기차입금이 장기차입금보다 많은지 여부도 검토합니다. 장기차입금은 상환해야 하는 날이 결산일로부터 1년 이후인 차입금입니다. 단기차입금은 상환해야 하는 날이 결산일로부터 1년 이내인 차입금입니다. 좋은 회사는 장기부채를 거의 사용하지 않습니다. 따라서 유동성장기부채도 거의 없습니다. 유동성장기부채는 원래는 장기차입금인데 결산일로부터 1년 이내에 상환해야 하는 장기차입금입니다.

〈표〉 삼성전자의 차입금 현황

구분	제53기	제52기	제51기
합계	9,804,559	12,790,244	10,596,329
유동부채	9,343,596	12,607,938	10,382,158
단기차입금	9,204,268	12,520,367	10,228,216
유동성장기부채	139,328	87,571	153,942
비유동부채	460,963	182,306	214,171
사채	29,048	31,909	39,520
장기차입금	431,915	150,397	174,651

삼성전자의 2021년 12월 31일 현재 총 차입금은 9조 8,045억 원입니다. 단기차입금이 9조 2,042억 원으로 차입금의 대부분을 차지합니다. 단기차입금이 장기차입금보다 크면 재무구조가 좋지 않다고 할 수 있습니다. 하지만 삼성전자의 경우는 매출액이 199조 원에 달해 문제로 보이지는 않습니다.

유동비율, 부채비율

계속하여 유동비율을 계산합니다. 유동비율은 '유동자산÷유동부채'로 계산합니다. 단기적인 채무상환 능력을 보여줍니다. 그리고 흑자도산이나 단기 파산 가능성 파악에 유용합니다.

〈표〉 삼성전자의 유동비율

구분	제53기	제52기	제51기
유동자산(A)	73,553,416	73,798,549	72,659,080
유동부채(B)	53,067,303	44,412,904	36,237,164
유동비율(=A÷B)	139%	166%	201%

부채비율도 계산합니다. 부채비율은 '부채÷자본'입니다.

삼성전자의 제53기 말 현재 유동비율은 139%, 부채비율은 30%입니다. 단기적인 채무상환능력이 아주 좋아 보이지는 않습니다. 그러나 부채비율은 양호해 보입니다.

〈표〉 삼성전자의 부채비율

구분	제53기	제52기	제51기
부채총계(A)	57,918,452	46,347,703	38,310,673
자본총계(B)	193,193,732	183,316,724	177,870,247
부채비율(=A÷B)	30%	25%	22%

매출채권, 매출채권회전율

매출채권 금액의 변동 현황과 매출채권회전율의 변동 추이를 검토합니다. 매출채권은 제품·상품을 판매하고 그 대금을 아직 회수하지 못한 상태의 채권입니다. 매출채권이 늘어났다는 것은 매출액이 늘어난 좋은 결과일 수도 있지만, 매출채권의 회수가 지연되는 경우일 수도 있습니다. 이에 매출채권의 회수가 지연되고 있는지 여부를 판단하기 위해 매출채권회전율을 점검합니다. 평균 매출채권 금액은 일반적으로 회계기간 개시일 현재의 금액과 회계기간 종료일 현재의 금액을 평균하여 계산합니다. '365일÷매출채권회전율'을 하면 매출채권 회수기간이 나옵니다. 매출채권회전율은 얼마 동안의 기간에 매출채권을 회수하였는지를 보여주고, 매출채권 회전기간은 매출채권을 현금으로 회수하는 데 얼마나 걸리는지를 보여줍니다.

매출채권회전율이 높을수록 매출채권은 빠르게 현금으로 회수됨을 의미합니다. 매출채권회전율이 낮아진다는 것은 매출채권이 현금으로 회수되기까지 많은 시간이 소요된다는 뜻입니다. 거래처 상황이 나빠지고 있고 회사에 안 좋은 영향을 미칠 수 있습니다.

재고자산, 재고자산회전율

재고자산 금액의 변동, 재고자산회전율의 변동 추이를 검토합니다. 재고자산은 회사가 고객에게 판매하려고 매입 또는 생산한 자산입니다. 재고자산회전율은 '매출원가÷평균재고자산'으로 계산합니다. 재고자산회전율은 재고자산이 얼마나 빠르게 매출로 이어졌는지 보여주는 지표입니다. 평균 재고자산 금액은 일반적으로 회계기간

개시일 현재와 회계기간 종료일 현재 금액을 평균하여 계산합니다.

매출채권회전율과 마찬가지로 재고자산회전율이 낮아진다면 재고자산이 생산되고 판매되기까지 시간이 많이 소요된다는 뜻입니다. 회사의 영업 상황이 나빠지고 있다는 신호일 수 있습니다.

개발비

개발비의 변동을 확인합니다. 개발비에 지출한 현금은 자산인지, 비용인지 판단하기가 참으로 어렵습니다. 경영자는 경영 상황이 좋지 않아 이익이 나빠지리라 예상되면 비용으로 회계처리해야 할 거래를 자산으로 처리하고 싶은 유혹을 느끼기 마련입니다. 비용을 자산으로 바꾸어 회계처리하기 쉬운 대상이 바로 개발비입니다. 개발비가 갑자기 는다면 회사 상황이 나빠지고 있다는 신호일 수 있습니다.

현금흐름표

회사가 어떤 원천에서 돈을 벌어들이고 있는지, 그리고 어디에 돈을 쓰고 있는지를 현금흐름표를 통해 확인해야 합니다. 현금흐름표는 회계기간 중 현금이 어떠한 원천으로 들어오고 어떠한 목적으로 나갔는지를 영업, 투자, 재무 활동으로 구분하여 보여줍니다. 영업활동을 잘해서 이익이 나서 현금이 들어올 수도 있지만, 은행으로부터 자금을 차입하거나 유상증자를 해도 회사에 현금이 들어옵니다. 장사를 잘해서 돈을 많이 버는 회사가 좋은 회사입니다.

〈표〉 삼성전자의 현금흐름표(단위:백만 원)

구분	제53기	제52기	제51기
영업활동 현금흐름	51,250,069	37,509,025	22,796,257
영업에서 창출된 현금흐름	50,357,361	39,541,654	28,344,706
당기순이익	30,970,954	15,615,018	15,353,323
조정	25,168,062	24,319,842	16,911,222
영업활동으로 인한 자산부채의 변동	-5,781,655	-393,206	-3,919,839
이자의 수취	282,918	448,323	673,363
이자의 지급	-125,036	-148,262	-306,633
배당금 수입	6,560,011	129,569	4,625,181
법인세 납부액	-5,825,185	-2,462,259	-10,540,360
투자활동 현금흐름	-24,435,207	-31,175,575	-13,537,171
재무활동 현금흐름	-23,885,054	-7,426,376	-9,787,719
외화환산으로 인한 현금의 변동	19	54	2,593
현금및현금성자산의 순증감	2,929,827	-1,092,872	-526,040
기초의 현금및현금성자산	989,045	2,081,917	2,607,957
기말의 현금및현금성자산	3,918,872	989,045	2,081,917

현금흐름표를 볼 때는 영업활동 현금흐름과 당기순이익의 차이가 큰지, 그렇다면 그 이유는 무엇인지도 파악합니다. 특히 영업활동 현금흐름은 음수인데 당기순이익이 양수인 경우 또는 자산, 부채의 증감으로 인해 영업활동 현금흐름과 당기순이익의 차이가 큰 경우 보다 주의 깊은 관찰이 필요할 수 있습니다. 재무성과가 좋아 보이게

하기 위해 분식회계를 했을 위험이 있기 때문입니다.

주석

주석은 재무제표의 숫자가 나오게 된 과정 또는 내용을 세부적으로 보여줍니다. 주석을 통해 재무제표의 의미를 보다 정확하게 이해할 수 있습니다. 주석은 결코 소홀히 다루어서는 안 됩니다.

재미있는 회계 상식

여러 가지 투자지표

• 주가수익비율(PER, Price-Earnings Ratio)

주가수익비율은 기업 가치를 평가할 때 가장 손쉽게 사용하는 척도입니다. 이 지표는 주가가 주당순이익(EPS)의 몇 배인지를 보여줍니다. 주가수익비율이 낮다는 것은 주당순이익에 비해 주가가 낮은 수준이라는 의미입니다.

주가수익비율은 '주가÷주당순이익'으로 계산합니다.

· 주가수익비율(PER) = 주가 ÷ 주당순이익(EPS)

자기주식을 취득하면 주식시장에서 거래되는 유통주식수가 감소합니다. 유통주식수가 감소하면 당기순이익을 유통주식수로 나누어 계산하는 주당순이익이 높아집니다. 주당순이익이 높아지면 주가수익비율은 낮아집니다.

· 주당순이익 = 당기순이익 ÷ 유통주식수
· 유통주식수 = 발행 주식수 − 자기주식수

• 주당장부가치비율(PBR, Price-Book value Ratio)

주당장부가치비율은 '주가÷주당 순자산가치'로 계산합니다. 순자산가치는 자산에서 부채를 차감한 금액인 자본을 말합니다. 따라서 주가순자산비율이 1 이하면 주가가 주당 순자산가치보다 싸다는 뜻입니다.

• 자기자본이익율(ROE, Return On Equity)

자기자본이익율은 주주의 돈을 얼마나 잘 활용하였는지를 보여주는 지표입니다. 자기자본이익율이 높다는 것은 성장성이 높다는 의미입니다. 자기자본이익율은 '이익÷자본'입니다. 보다 정확하게 표현하면 당기순이익을 평균자본으로 나누어 계산합니다. 평균자본은 지난 연도 말 현재의 자본과 해당 연도 말 현재의 자본을 더하고 이를 2로 나누어 계산합니다. 예를 들어 전기 말 현재 자본이 100원, 당기 말 현재 자본이 150원, 당기순이익이 25원이면, 평균자본은

(100+150)÷2=125원이고, ROE는 25÷125=0.2, 20%가 됩니다.

자기주식을 매입하면 자본이 작아집니다. 자기자본이익율은 '이익÷자본'으로 계산하므로 분모인 자본이 작아질수록 자기자본이익율은 커집니다.

자기자본이익율과 유사한 자산수익율(ROA, Return On Asset)이라는 지표도 있습니다. 자산을 얼마나 효율적으로 사용했는지를 측정하는 지표입니다. '당기순이익÷총자산'으로 계산합니다.

• 기업가치(EV, Enterprise Value)

EV는 Enterprise Value의 머리글자인 E와 V의 합성어입니다. 기업가치라는 뜻입니다. 주로 회사를 인수할 때 인수 대상 회사의 가치를 평가하면서 사용하는 지표입니다. EV는 '총지불금액 + (인수 대상 회사의 부채총액－인수 대상 회사의 현금성 자산)'으로 계산합니다. 인수 대상 회사의 부채총액에서 인수 대상 회사의 현금성자산을 빼면 인수 이후에 갚아야 하는 순부채 금액이 나옵니다. 따라서 EV는 인수 후 갚아야 하는 순부채가액까지 포함한 인수가액을 의미합니다.

• 에비타(EBITDA)

1990년대 이후 에비타라는 지표가 급속도로 확산되었습니다. 에비타는 Earnings Before Interest, Taxes, Depreciation, Amorti-zation의 알파벳 머리글자를 따서 만든 용어입니다. 글자 그대로 해석하면 '이자, 세금, 감가상각비, 무형자산상각비 이전의 이익'이 됩니다. 에비타는 금융기관, 정부 등 외부의 영향을 최소화하여 회사 본래의 이익을 계산하고자 개발된 지표입니다. 이자는 금융기관에 따라, 세금은 국가에 따라, 감가상각비와 무형자산상각비는 회계기준의 적용에 따라 달라질 수 있으므로 이를 제외하면 회사 본연의 현금흐름이 얼마인지 비교적 정확하게 알 수 있다는 개념이 에비타입니다. 에비타의 계산은 당기순이익에서 출발합니다. 당기순이익에 이자비용, 법인세비용, 감가상각비, 무형자산상각비를 더하면 에비타가 계산됩니다.

- 에비타 = 당기순이익+(이자비용, 세금, 감가상각비, 무형자산상각비)

에비타는 현금이익에 가까운 개념으로 주로 인수·합병(M&A)에서 회사의 가치를 평가하는 기준으로 사용합니다. 기업인수합병에서 중요한 것은 회계이익보다는 현금이기 때문입니다.

에비타의 등장은 회계이익뿐 아니라 현금이익 역시 중요하게 다루어져야 함을 깨닫게 해주었습니다. 결국 손익계산서, 재무상태표 외에 중요한 결산서가 추가되었습니다. 바로 '현금흐름표'입니다.

6장

손에 잡히는 회계

28
빅배스(Big Bath)

경제부총리 겸 기획재정부 장관 후보자는 지난해 583조 원에 달하는 사상 최대 부채를 기록한 공공 기관 350곳에 대한 '빅배스'에 나설 것으로 보인다. 묵은 때를 모두 씻어내는 '큰 목욕'을 하는 것처럼 새로 취임한 CEO가 전임자 시절 쌓인 부실을 한꺼번에 털어낸다는 뜻이다. 이런 과정에서 감춰졌던 부실이 회계에 반영되면 일시적으로 실적 하락 등이 발생할 수 있지만, 중·장기적으로 기초 체력을 키우려는 것이다. — 《뉴스원》, 2022.5.10.

기업의 실적이 저조하여 경영자가 책임을 지고 물러나는 경우가 많이 있습니다. 이럴 때 새로 취임한 경영자는 새로운 각오와 미래에 대한 청사진을 준비할 필요성이 더욱 높아집니다. 신규 경영자에게 부담이 될 수 있는 과거 역시 지워내야 합니다.

경영자가 새롭게 부임하여 취임 이후 실적을 조금 더 좋게 보이고자 직전 경영자 시절의 대규모 부실을 비용으로 회계처리하는 것을 '빅배스(Big Bath)'라고 합니다.

빅배스는 대부분 거액의 대손충당금, 손상차손을 비용 회계처리하는 형태로 나타납니다. 발생주의에 따라 회계처리하는 비용이 그 대상입니다. 현금이 외부로 지출되는 빅배스는 없습니다. 그리고 수익을 줄이거나 감추는 빅배스도 거의 없습니다. 수익을 줄이거나 감출 수 있는 수단이 많지 않기 때문입니다.

예를 들어 A가 ㈜빅배스의 새로운 경영자로 02년 1월 1일 취임하였습니다. A는 02년도에 당기순이익 50억 원을 실현하면 10억 원의 성과급을 추가로 받기로 계약한 상황입니다. 직전 연도의 결산은 아직 이루어지지 않은 상태였습니다. 취임하기 직전 연도의 결산을 수행하던 A는 거래처 B에 대한 외상대금 100억 원이 결산일인 01년 12월 31일 기준으로 회수약정일보다 10일 이상 연체되어 있다는 사실을 발견합니다. 회사는 결산일 현재 30일 이내 연체인 경우에도 전액 회수 가능하다고 추정하는 대손추산액 산정 정책을 가지고 있었습니다. 하지만 A는 거래처 B의 재무상태가 걱정스럽고 앞으로도 영업 상황이 여의치 않아 보인다며 90일 이상 연체한 경우에 적용하는 회수 불가능 비율인 50%를 거래처 B의 외상대금에 대한 회수 불가능 금액으로 추정합니다. 그리고 다음과 같이 회계처리합니다.

〈회계처리〉 비용의 발생

차변		대변	
계정	금액	계정	금액
비용	50억 원	부채	50억 원

이 회계처리로 ㈜빅배스의 01년도 당기순이익은 50억 원이 줄어듭니다.

그런데 01년도 결산을 마치고 얼마 안 된 02년 5월, 거래처 B는 채권 100억 원을 상환합니다. ㈜빅배스는 01년도 결산을 하면서 부채로 회계처리하였던 금액 50억 원을 02년도에 수익으로 다시 환입하는 회계처리를 합니다. 이 회계처리로 부채 50억 원은 02년도 장부에서 사라집니다.

〈회계처리〉 부채의 환입

차변		대변	
계정	금액	계정	금액
부채	50억 원	수익	50억 원

결국 01년도에는 비용 50억 원, 02년도에는 수익 50억 원이 손익계산서에 반영됩니다. 즉 02년도에 50억 원이라는 수익이 현금이 들어오지도 않은 채 발생한 것입니다. 이제 A는 성과급 10억 원을 받을 수 있습니다.

빅배스를 비윤리적인 것처럼 가정했지만 꼭 그렇지는 않습니다. 빅배스는 분식회계가 아닙니다. 빅배스는 회계기준이 허용하는 범위 내에서 비용을 보다 많이 회계처리하는 방법을 선택하는 것입니다. 그리고 빅배스의 대상에는 전임 경영자가 비용으로 회계처리하지 않고 숨겨놓았던 것도 포함됩니다. 이러한 경우는 전임 경영자의 실적과 현 경영자의 실적을 구분하는 정당한 행위입니다.

빅배스가 경영자 교체 시기에만 있는 것도 아닙니다. 하지만 일반적으로 경영자의 입장에서 자신의 재임 중에 비용을 더 회계처리하여 당기순이익을 줄일 필요는 없겠죠?

또한 결산기에 걸쳐 경영자 교체가 이루어질 때만 빅배스가 있는 것도 아닙니다. 상장회사는 분기별로 결산이 이루어지기에 새로운 경영자가 취임하기 직전의 분기 실적에 빅배스를 하는 경우도 있습니다.

아파트 수선

아파트에 사시는 분들이 많으실 텐데요. 아파트 단지 관리사무소에서는 매달 장기수선충당금(장기수선충당부채)이라는 명목으로 일정한 금액을 관리비에 포함해서 각 세대로부터 받고 있습니다.

장기수선충당금은 미래에 아파트 단지의 대규모 수선 등에 소요될 돈을 미리미리 각 세대로부터 조금씩 걷어 모아두는 현금입니다. 아파트 단지에 수선이 필요하다면 이에 필요한 현금은 관리사무소가 아니라 각 세대주가 부담하는 게 맞으니까요.

관리사무소가 매달 각 세대로부터 징수한 장기수선충당금은 어떻게 회계처리할까요? 다음과 같이 합니다. 이 회계처리는 '현금이 들어오긴 했는데, 내 현금은 아니다. 미래에 장기수선에 써야 할 돈이다'라는 의미입니다.

〈회계처리〉 장기수선충당금

차변		대변	
계정	금액	계정	금액
현금	***	부채(장기수선충당금)	***

29
회계감사

Fear can hold you prisoner	두려움은 당신을 감옥에 가두지만
hope can set you free	희망을 당신을 자유롭게 한다

영화 《쇼생크 탈출》(1994)의 주인공 앤디는 아내를 살해했다는 누명을 쓰고 악명 높은 쇼생크 감옥에 갇힙니다. 그는 우연한 기회에 간수가 세금을 절감할 수 있도록 도와주게 되면서 교도소장이 횡령한 돈의 관리를 맡게 됩니다. 하지만 그는 교도소장의 횡령을 도와주는 척하면서 실제로는 그 돈을 자신의 계좌로 옮겨놓았습니다. 그리고 천둥과 우레가 세상을 집어삼키던 어느 날 밤, 그동안 몰래 파놓은 땅굴을 기어 쇼생크 감옥을 탈출합니다. 영화는 앤디와 그의 감옥 친구인 레드가 한적한 해변에서 행복한 미래를 예고하는 듯한 미소

《쇼생크 탈출》의 주인공은 회계지식이 박식한 은행원이다.

를 지으며 다시 만나는 장면으로 끝이 납니다.

주인공 앤디는 회계에 대해 해박한 은행원이었습니다. 그는 자신의 지식을 악랄한 교도소장의 횡령을 돕는 데 사용합니다.

공인회계사가 등장하는 유명한 영화가 있습니다. 1972년 개봉된 영화 《대부》입니다. 범죄 영화 역사상 최고 걸작의 하나로 평가받는 작품입니다. 이 영화에서 공인회계사는 마피아가 범죄 행위를 통해 불법적으로 모은 돈을 세탁해주는 역할을 합니다.

회계감사

우리나라에는 어떤 회사가 공인회계사로부터 회계감사를 받아야 하는지를 법으로 규정한 '주식회사 등의 외부감사에 관한 법률'이 있습니다. 줄여서 '외감법'이라 부르는 이 법에 따라 공인회계사는 회사의 재무제표가 회계기준에 따라 적정하게 작성되어 있는지 감사합니다. 공인회계사로부터 회계감사를 받아야 하는 대상은 상장회사, 자산 규모가 120억 원 이상인 회사, 부채 규모가 70억 원 이상인 회사 등입니다.

공인회계사는 회사의 재무제표에 대해 감사를 실시하고 그 결과를 기재한 감사보고서를 회사에 제출합니다. 감사보고서의 정확한 명칭은 '독립된 감사인의 감사보고서'입니다.

감사의견

감사보고서는 '감사의견'으로 시작합니다. 감사의견이란 공인회계사가 회사의 재무제표에 대해 감사를 실시하고 기술하는 총평이라 할 수 있습니다. 감사의견은 일정한 형식에 따라 기술됩니다. 우리나라 공인회계사들의 단체인 한국공인회계사회가 제시한 형식입니다. 핵심 내용은 이렇습니다.

> 회사의 재무제표는 회계기준에 따라 중요성의 관점에서 공정하게/공정하지 않게 표시하고 있습니다.

이 문구에서 '재무제표'와 '회계기준'은 쉽게 이해가 됩니다. 재무제표는 재무상태표, 손익계산서, 현금흐름표, 자본변동표, 주석이고 회계기준은 해당 회사가 상장회사인 경우는 국제회계기준, 그렇지 아니하고 외감법에 따라 회계감사를 받는 회사인 경우에는 일반기업회계기준입니다. 문제는 '중요성의 관점에서'와 '공정하게'라는 문구입니다.

공인회계사는 회계감사를 수행할 때 재무제표의 금액이 회계기준을 위배해서 잘못 표시되어도 봐줄 만한 수준의 금액을 합리적이고 과학적인 도구를 사용하여 설정합니다. 이 봐줄 만한 금액을 '중요성

금액'이라고 합니다. 즉 '중요성의 관점에서'라는 표현은 '공인회계사가 설정한 중요성 금액의 이내에서'라는 의미입니다. '공정'이란 100% 딱 맞아떨어지지는 않지만 인정할 만한 정도라는 의미입니다. 예전에는 '적정'이라는 표현을 썼습니다.

그런데 공인회계사가 감사보고서에 '공정하게 표시하고 있습니다'라는 문구를 쓰지 못하는 때가 있습니다. 감사증거를 충분히 확보하지 못한 경우와 회사가 회계기준을 위반하여 회계처리를 한 경우입니다. 이러한 경우의 의견을 '비적정의견'이라고 합니다.

감사범위 제한

회계감사 절차는 회사가 재무제표와 이를 뒷받침하는 관련 근거·증거를 제시하고, 공인회계사가 회사가 제시한 재무제표가 회계기준에 따라 공정하게 작성되었는지를 검증하는 순서로 이루어집니다. 공인회계사는 이를 위해 회사가 제시하는 관련 근거·증거를 검토하고 스스로도 여러 자료를 수집하고 분석하여 최종적으로 재무제표가 회계기준에 따라 공정하게 표시되었는지 여부를 판단합니다. 그런데 회사가 재무제표 작성의 근거를 제시하지 않거나 회사가 제시한 근거가 합리적이지 않다고 판단되는 경우가 있습니다. 이런 경우 '감사증거가 충분하지 않아 감사범위가 제한되었다'라고 기술합니다. 재무제표 작성의 근거가 되는 자료인 감사증거를 충분히 입수하지 못하면 공인회계사는 재무제표의 공정성 여부를 판단할 수 없습니다. 이러면 공인회계사는 감사의견을 제시할 수 없게 됩니다.

공인회계사는 재무제표 전반에 걸쳐 충분한 감사증거를 확보할 수 없는 경우 재무제표 전체에 대하여 감사의견을 제시하지 않습니다. 이를 '의견거절'이라고 합니다. 그리고 감사증거를 확보하지 못한 대상이 일부 계정과목인 경우 '일부 계정과목에 대해 감사증거를 확보하지 못하였다'라고 기술합니다. 이를 '한정의견'이라고 합니다.

회계기준 위반

회사가 제시한 감사증거를 분석·검토해보니 이 재무제표가 회계기준에 따라 작성되지 않아 회계기준 위반으로 판단될 수도 있습니다. 이런 경우 공인회계사는 그 사실을 감사의견란에 기술합니다. 회계기준 위반에 해당하는 계정과목이 일부면 '특정 계정과목 금액이 회계기준을 위반하여 작성되었다'라고 기술합니다. 이를 역시 '한정의견'이라고 합니다. 감사증거를 일부 확보하지 못한 경우와 동일하게 한정의견이라고 표현하지만 그 의미는 완전히 다릅니다. 재무제표가 전체적으로 회계기준을 위반하여 작성되었다면 '재무제표가 부적정하다'라고 표현합니다. 이를 '부적정의견'이라고 합니다.

감사의견의 영향

상장회사가 적정의견 이외에 한정의견, 의견거절, 부적정의견 등 비적정의견을 받게 되면 해당 회사는 상장폐지될 수도 있습니다. 상장폐지가 되면 그 회사 주식의 주가는 엄청난 하락을 피할 수 없고 주식투자자의 피해는 어마어마하게 커집니다. 비상장회사의 경우에도 금융기관 등의 대출 불가 조치 등을 당할 수 있습니다.

계속기업 가정의 불확실성

감사보고서에는 감사의견 외에 '강조사항'이 있습니다. 감사의견에는 영향을 미치지 않지만, 감사보고서를 읽는 이들이 회사에 대해 알아야 할 내용입니다. 그런데 감사보고서의 강조사항에 '계속기업 가정의 불확실성'이라는 문구가 기재되는 경우가 있습니다. 이런 경우 이 회사에 대한 투자는 특히 조심해야 합니다. '계속기업 가정의 불확실성'이란 회사가 앞으로 계속 존재할 수 있을지 의문이라는 뜻입니다. 금융감독원이 강조사항에 '계속기업 가정의 불확실성'이란 강조사항이 기재되어 있는 회사의 상장폐지 여부를 조사해보았는데, 1~2년 이내에 상장폐지된 사례가 많은 것으로 확인되었습니다.

핵심감사사항

공인회계사가 회사를 감사하면서 어느 계정과목에 중점을 두었는지는 '핵심감사사항' 문단을 보면 알 수 있습니다.

다음은 어느 회사의 감사보고서에 기재된 핵심감사사항입니다.

> 핵심감사사항은 우리의 전문가적 판단에 따라 당기 연결재무제표감사에서 가장 유의적인 사항들입니다. 해당 사항들은 연결재무제표 전체에 대한 감사의 관점에서 우리의 의견형성 시 다루어졌으며, 우리는 이런 사항에 대하여 별도의 의견을 제공하지는 않습니다.
> 수익인식
> 연결실체는 고객에게 의약품을 제조 및 판매하는 사업을 영위하고 있으며, 일련의 수행의무가 종료되는 시점(인도시점)에 수익을 인식하고 있습니다.

이 회사의 감사인은 '제품을 건네줄 때 매출액을 회계처리하였는지 여부를 중점적으로 감사하였다'고 보고하고 있습니다.

사업보고서

한편 상장회사는 감사보고서 외에 사업보고서도 공시합니다. 사업보고서에는 재무제표를 포함하여 회사의 일반 현황, 사업의 내용, 경영성과, 주주 변동 사항 등 다양한 회사 경영과 재무 정보가 담겨 있습니다. 사업보고서는 재무제표와 함께 회사를 이해하는 데 반드시 참고해야 할 대상입니다.

재미있는 회계 상식

수학자, 공인회계사, 경제학자

수학자와 공인회계사와 경제학자가 같은 일자리에 지원했다.

면접관이 수학자에게 "둘에 둘을 더하면 몇이지요?"라고 물었다. "넷"이라고 답했다. 다음으로 공인회계사를 불러 같은 질문을 하자 "평균 넷입니다. 10% 정도는 많거나 적을 수 있고요"라는 답변이 돌아왔다. 마지막으로 경제학자에게 "둘에 둘을 더하면 몇입니까?"라고 묻자 그는 일어나 문을 잠그더니 이렇게 되물었다. "몇이 되어야 하는데요?"

30
분식회계

"수출 원가가 대당 5000달러였던 르망 자동차를 한 번에 500대, 1000대씩 수출하는 계약이었어요. 처음에는 정말 수출 계약이 된 줄 알고 기뻐했죠. 하지만 나중에 알고 보니 자동차를 실제로 수출한 것이 아니었어요. 서류상으로만 수출한 것처럼 꾸민 거죠." '수출 실적 부풀리기'는 세계 경영을 앞세운 대우그룹의 대표적인 분식회계 수법이었다. —《조선비즈》, 2016.2.6.

1997년, 외환 보유고 부족으로 국가 부도 위기에 빠진 우리나라는 국제통화기금(IMF)에 긴급 구제금융을 신청했습니다. 국가 부도 위기와 긴급 구제금융은 우리 생활에 어마어마한 파장과 변화를 가

대우의 분식회계와 부도 사태는
한국 경제에 큰 충격을 주었다.

져왔습니다. 많은 기업이 부도로 내몰렸고, 수많은 사람이 실직을 당해 쫓겨났습니다. 이 위기를 극복하기 위해 우리는 장롱 속 깊이 간직하고 있던 돌 반지까지 꺼내 금 모으기 운동에 동참했습니다.

그 당시 우리나라를 대표하는 회사 가운데 하나였던 대우그룹도 매우 어려운 상황이었습니다. 회사의 사정은 날로 악화되었고 재무제표는 엉망이었습니다. '분식'이라는 악마는 대우그룹에 손을 뻗쳤습니다. 대우그룹은 그 유혹을 뿌리치지 않았습니다.

분식(粉飾)은 '분칠한다, 예쁘게 가루로 칠하다'라는 의미입니다. 영어로는 'Window Dressing Settlement', 직역하면 '백화점 진열대를 꾸미다'라는 뜻 정도입니다. 분식회계는 재무성과 또는 재무상태를 거짓으로 좋게 꾸미는 것입니다. 반대로 재무성과 또는 재무상태를 거짓으로 나쁘게 꾸미는 경우도 있습니다. 이를 '역분식회계'라고 합니다. 역분식회계는 회사의 가치를 일부러 낮게 평가하고자 할 때, 법인세를 적게 납부하고자 할 때 주로 쓰입니다.

당시 대우그룹은 '분식회계 사관학교'라고 불릴 정도로 다양한 형태의 분식회계를 하였습니다. 수출 실적 부풀리기, 팔지도 않은 상품으로 매출 올리기, 창고에 있는 재고자산의 가치 부풀리기, 매출채권의 대손충당금 적게 쌓기 등 대우그룹은 당시 가능한 모든 방법을 동원하여 분식회계를 하였습니다.

수출 실적을 부풀리거나 팔리지 않은 상품의 매출을 회계처리하는 방법은 간단합니다. 다음과 같이 회계처리를 하면 됩니다.

〈회계처리〉 매출

차변		대변	
계정	금액	계정	금액
자산(매출채권)	1억 원	수익(매출액)	1억 원

금액은 어차피 허위이니 1억 원이든 10억 원이든 상관없습니다. 이렇게 하면 손익계산서에 표시되는 수익이 1억 원 증가하고 당기순이익도 1억 원 증가합니다.

이때 대우그룹에 대한 회계감사가 제대로 그리고 충분히 이루어졌다면 회계감사인은 다음과 같은 회계처리를 추가했을 것입니다. 이는 회사가 차변에 자산, 대변에 수익의 회계처리를 한 데 대해 그 반대 회계처리입니다. 이렇게 하면 자산의 잔액은 0원이 되고 수익도 0원이 됩니다. 실무에서는 회계감사인의 이러한 회계처리를 '수정분개'라고 합니다. 유감스럽게도 대우그룹의 회계감사인은 그 임무를 소홀히 한 듯합니다.

〈회계처리〉 매출의 취소

차변		대변	
계정	금액	계정	금액
수익(매출액)	1억 원	자산(매출채권)	1억 원

그런데 분식회계는 주로 어떤 회계처리에서 이루어질까요? 현금이 들어오거나 나갈 때는 금방 눈에 뜨이기 때문에 현금이 들어오거나 나가는 거래에서 분식회계를 하기는 상당히 어렵습니다. 분식회계는 대부분 현금의 수입 또는 지출 없이 발생주의에 따라 회계처리할 때 발생합니다. 발생주의에는 추정, 측정, 예측, 확신이 개입되기 때문입니다.

분식회계 수법

• 다른 사람 소유의 현금, 양도성예금증서를 자기 것이라 주장하기

• 빈 박스에 재고자산이 있다고 하거나 오래되거나 유행이 지나 폐기해야 할 재고자산을 정상품이라고 주장하기

• 세금계산서를 거짓으로 발행하고 매출 주장하기

• 대손추산액, 퇴직급여추계액 등을 적게 계산하기

한편 금융감독원이 2020년 회계감리 과정에서 적발한 주요 회계 부정사례를 소개합니다.

• 회사의 최대주주 및 대표이사가 빈번하게 변경되는 것, 사모 유상증자와 전환사채(CB) 발행이 빈번하게 일어나는 경우 등은 대표적인 회계부정의 징후이다. 자금조달 후 대여금이나 선급금 등의 규모가 급증하는 경우 의심해야 한다.

• 기업의 회계·자금 업무를 분리하지 않고 동일인이 장기간 수행하고 회사 자금이 재무담당 임원 등 임직원의 개인계좌에 입금되는 것 역시 뚜렷한 부정의 징후이다.

• 피투자회사가 발행한 CB 등에 조기상환청구권과 같은 일반적인 옵션이 없는 경우 이면약정 가능성을 염두에 두어야 한다.

31
내부회계관리제도

1880억원 규모 횡령사건에 휘말린 오스템임플란트가 최근 2년여간 내부 감사 인력을 절반으로 줄인 것으로 확인됐다. 오스템임플란트는 지난해 외부 감사용역 회계법인도 보수가 훨씬 낮은 곳으로 교체했다. 회사 측이 감사를 '비용'으로 판단, 이를 절감하기 위한 조치였던 것으로 풀이된다. 오스템임플란트는 2019년 삼일회계법인에 용역을 맡겨 내부회계관리제도를 구축했다. 하지만 이 제도 역시 제구실을 하지 못했다. 최근 분기보고서에는 내부회계관리자가 제시한 문제점이나 의견, 개선대책 등 모두 '해당사항 없음'으로 표기돼 있다.—《연합뉴스》, 2022.1.4.

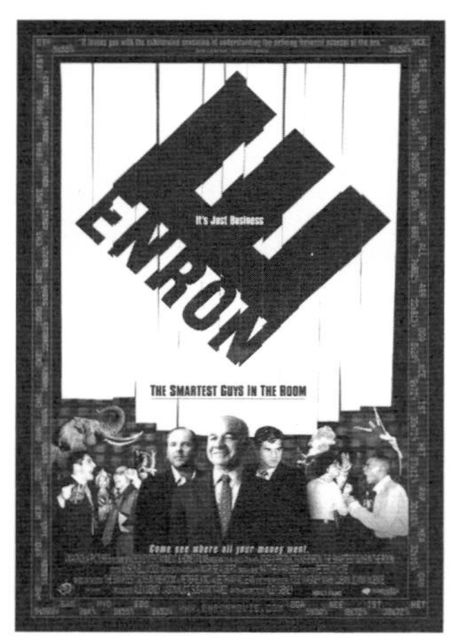

분식회계를 소재로 한 영화《엔론》

2005년《엔론—세상에서 제일 잘난 놈들》이라는 다큐멘터리 영화가 미국에서 개봉되었습니다. 전 세계를 통틀어 분식회계의 대표라 할 수 있는 엔론의 분식회계 이야기를 다룬 영화였습니다. 이 영화는 오스카상 후보까지 오릅니다.

엔론은 1980년대 후반까지는 천연가스와 전기를 공급하다 사업영역을 확장하여 전력, 천연가스, 펄프, 종이 등을 중개하는 사업을 하던 세계적인 뉴욕 증권거래소 상장기업이었습니다. 2001년에 종업원 수가 약 2만 2000명이나 되었고 1996년부터 2001년까지 6년 연속 '미국에서 가장 혁신적인 기업'에 선정되기도 한 회사였습니다. 하지만 2000년 후반부터 광케이블망 구축 등 정보통신 분야에 투자한 사업들이 실패하면서 엄청난 손실을 입게 되었습니다. 그러나 엔론은 이를 시장에 알리기를 원치 않았습니다. 엔론은 회계 장부를 조작하기 시작하였습니다.

결국 2001년 말 그동안 분식회계를 통해 회사의 재무상태와 재무성과를 허위로 보고한 사실이 드러났습니다. 엔론은 2001년 12월 파산신청을 했습니다. 엔론의 회계감사를 맡았던 회계법인 아서앤더슨(Arthur Andersen)도 파산하였습니다.

내부회계관리제도의 도입

엔론 사태를 겪은 미국 정부는 2002년 사베인-옥슬리(Sarbanes-Oxley, SOX) 법을 제정했습니다. SOX법은 재무담당 책임자인 CEO와 CFO에게 내부회계관리제도 운영 책임을, 외부감사인에게는 이를 감사하고 의견을 표명할 책임을 부과했습니다. 내부회계관리제도는 회사의 재무제표가 회계기준에 따라 작성, 공시되었는지에 대해 신뢰성을 부여하기 위해 회사 내부에서 운영하는 회계 통제 절차로, 경영진과 직원 등 모든 조직 구성원들이 지속적으로 실행하는 과정입니다.

우리나라는 2001년 기업구조조정촉진법에서 내부회계관리제도의 운영실태를 보고하도록 하였고, 2003년 '주식회사 등의 외부감사에 관한 법률'(이하 '외감법')로 그 내용이 이관되면서 외부감사인이 내부회계관리제도를 검토 또는 감사하도록 규정하였습니다. 이로써 우리나라에서도 회사는 내부회계관리제도를 운용하고 그 결과를 보고하게 되었고, 외부감사인은 회사의 내부회계관리제도를 감사하게 되었습니다.

외부감사인의 검토 또는 감사

2017년 외감법이 개정되면서 주권상장법인 등을 대상으로 내부회계관리제도에 대한 검토가 감사로 바뀌게 되었습니다. 검토는 경영진의 내부회계관리제도의 운영 평가를 주요 대상으로 합니다. 이에 경영진 평가 결과에 대한 질문 위주로 검토 절차를 수행합니다. 반면 감사는 내부회계관리제도의 효과성 자체를 검증 대상으로 합니다. 이에 감사인은 내부회계관리제도에 중요한 취약점이 존재하는지에 대한 의견을 표명하기 위해 제도가 제대로 운영되고 있는지 여부를 독립적으로 테스트하는 등의 절차를 수행하고 그에 대한 의견을 적극적으로 표명합니다.

내부회계관리제도 감사보고서

외부감사인이 회사의 내부회계관리제도에 대해 검토 또는 감사를 실시한 경우에는 외부감사인의 감사보고서에 '내부회계관리제도 감사 또는 검토의견'을 주석 다음에 기재합니다.

삼성전자의 2021회계연도 감사보고서에 기재되어 있는 '독립된 감사인의 내부회계관리제도 감사보고서'는 아래와 같습니다.

〈발췌〉 독립된 감사인의 내부회계관리제도 감사보고서

> 독립된 감사인의 내부회계관리제도 감사보고서
>
> 삼성전자주식회사
> 주주 및 이사회 귀중
>
> 내부회계관리제도에 대한 감사의견
> 우리는 2021년 12월 31일 현재 「내부회계관리제도 설계 및 운영 개념체계」에 근거한 삼성전자주식회사(이하 "회사")의 내부회계관리제도를 감사하였습니다.
> 우리의 의견으로는 회사의 내부회계관리제도는 2021년 12월 31일 현재 「내부회계관리제도 설계 및 운영 개념체계」에 따라 중요성의 관점에서 효과적으로 설계 및 운영되고 있습니다.

내부회계관리제도 감사의견 근거
우리는 대한민국의 회계감사기준에 따라 감사를 수행하였습니다.

이하 생략

취약점

경영진에 의한 횡령 등이 있거나 회계감사 과정에서 중요하게 회계기준을 위반한 사례가 발견되거나 내부감사 기능이 부실한 경우 등은 내부회계관리제도가 중요하게 취약하다는 점을 시사합니다. 한편 미국에서 2018회계연도에 내부회계관리제도에 비적정의견을 받은 490개 회사의 중요한 내부회계관리제도 취약점을 분석한 결과, 내부통제환경 구축 미흡, 재무제표 작성 공시 관련 프로세스 통제 취약, 내부감사 기능 미비, 경영진의 전문성 부족 등이 확인되었습니다.

〈표〉 미국 내부회계관리제도 비적정의견 사유 및 비중
(금융감독원, 2019회계연도 상장법인 내부회계관리제도 감사의견 분석 및 시사점)

비적정의견 사유(중요한 취약점)	회사 수	비중
재무제표 작성 · 공시 관련 프로세스 통제 취약	180사	36.8%
내부통제 환경 구축 미흡	288사	58.8%
내부감사 미비	10사	2%
경영진의 전문성 취약 등	12사	2.4%
합계	490사	100.0%

내부회계관리제도 실제 예시

내부회계관리제도를 운영할 때는 회사의 업무를 사이클, 프로세스, 서브프로세스 등으로 구분하고 각각 서브프로세스의 통제목적, 통제위험, 수행할 통제활동, 통제담당자, 보관해야 할 통제증거, 통제활동이 제대로 이루어졌는지의 테스트 절차 등을 정의합니다.

예를 들어, 급여를 지급하는 업무의 내부회계관리제도를 어떻게 설계하고 운영하는지 살펴보겠습니다. 먼저 회사의 업무를 가장 큰 범위의 개념인 '사이클'로 구분합니다. '인사/급여'가 하나의 사이클로 구분되었다고 가정합니다. '인사/급여' 사이클에서 '급여/제수당 계산 및 지급'이라는 프로세스와 그 하위의 '급여 지급' 서브프로세스를 구분합니다.

〈표〉 내부회계관리제도 급여 지급 업무 설계 예시

싸이클	인사/급여
프로세스	급여/제수당 계산 및 지급
써브 프로세스	급여 지급
통제목적	신규입사 또는 퇴사가 있는 경우 급여계산시 적시에, 정확하게 반영되어야 한다.
통제위험	인사변동사항이 정확히 체크되지 않아 급여계정의 완전성 결여 또는 가공급여가 계상될 위험
통제활동	인사과 급여담당자는 당월 인사발령사항을 파악하여 급여계산시 인사변동자 예외사항을 체크한다.
통제담당자	급여계산담당자
통제증거	근로계약서, 인사발령서, 사직원
테스트 절차	인사변동자에 대해 급여계산시 정확히 반영되었는지 확인한다.

'급여 지급' 서브프로세스에 '신규 입사 또는 퇴사가 있는 경우 급여계산 시 적시에, 정확하게 반영되어야 한다'라는 통제목적과 '인사변동사항이 정확히 체크되지 않아 급여계정의 완전성 결여 또는 가공급여가 계상될 위험'을 통제위험으로 설정합니다. 그리고 이 통제목적 달성을 위해 '인사과 급여담당자는 당월 인사발령사항을 파악하여 급여계산 시 인사변동자 예외사항을 체크한다'는 통제활동을 정의합니다. 이어 이러한 통제절차를 수행하였음을 입증할 수 있는 테스트 절차를 정의합니다.

〈복식부기를 칭송한 위인들〉

경제학자 베르너 좀바르트 "복식부기 없는 자본주의는 상상할 수 없다"고 말했습니다. 소설가 복거일은 《비명을 찾아서》에서 "복식부기는 인류 역사상 무척 중요한 발명품 중 하나로 내연 기관의 발명에 맞먹는 중요한 사건"이라고 했습니다. 요한 볼프강 폰 괴테는 《빌헬름 마이스터의 수업시대》에서 복식부기를 "인간 정신이 고안해낸 가장 아름다운 발명품"이라고 했습니다. 막스 베버는 "근대 자본주의 출현 요인 중 하나는 복식부기의 발전이다"라고 했습니다.

재미있는 회계 상식

우회상장(Back-door listing)

> 2010년 8월 23일 상장 폐지된 네오세미테크는 한국거래소의 우회상장제도 미비, 회계감사 부실, 경영자의 도덕적 해이 등 부실의 종합판이었다. 상장부터 상장폐지까지 숨 가쁘게 흘러간 10개월간의 스토리는 코스닥 시장에서 잊지 못할 최악의 사례 중 하나로 꼽힐 정도. 이 사건은 특히 개인투자자들에게 큰 충격을 줬다. 1인당 피해 규모가 평균 3,500만 원에 달했다.
> 네오세미테크는 깡통 회사에 불과했다. 당시 대표인 A씨는 2008년부터 2010년까지 2,000억 원 상당의 허위 세금계산서를 200여 장 발행해 매출 실적을 부풀렸다. ─ 《매경닷컴》, 2014.7.11.

네오세미테크는 2009년 10월 코스닥 시장에 '우회상장'하고 5개월 만인 이듬해 2010년 3월 거래정지되었습니다. 우회상장이란 비상장회사가 상장회사와 합병하는 형태로 상장하는 것입니다. 비상장회사가 상장하기 위해서는 거래소의 복잡한 상장심사 절차와 공모과정을 거쳐야 합니다. 이를 회피하기 위하여 이미 상장한 회사와 합병하는 방식으로 상장하는 것을 우회상장이라고 합니다.

우량한 상장회사는 비상장회사와 합병을 할 필요가 없지만, 껍데기만 남아 있는 상장회사는 그렇지 않습니다. 그래서 좋은 비상장회사와 그렇지 못한 상장회사 사이에 합병이 이루어지게 됩니다. 법률상으로는 상장회사가 비상장회사를 흡수합병하는 것이나 실질적으로는 비상장회사가 주도권을 갖게 됩니다. 합병과 주식 교환의 과정을 통해 비상장회사의 주주는 상장회사의 주식을 소유하게 됩니다. 경영권도 갖게 됩니다. 그리고 합병 후 회사의 상호도 비상장회사의 이름으로 변경합니다. 결과적으로 비상장회사가 상장회사로 바뀌게 됩니다.

비상장회사였던 네오세미테크는 위와 같은 방법으로 2009년 10월 상장회사 모노솔라를 통해 우회상장하였습니다. 상장 직후 처음으로 발행된 2009회계연도 감사보고서에서 회계감사인이었던 대주회계법인은 회사가 제시한 재무제표에 대해 '의견거절'을 표명하였습니다. 이후 회계감사를 다시 실시했지만 여기에서도 '의견거절'을 받았고 당시 규정에 따라 정리매매를 거쳐 증시에서 퇴출되었습니다. 2009년 10월 상장할 때 15,150원이었던 주가는 2010년 8월 295원에 정리되었습니다.

회계 상식 톺아보기

회계실무자를 위한 법인세회계 맛보기

재무회계와 마찬가지로 익숙하지 않은 용어 때문에 '법인세회계'를 이해하기가 어렵습니다. 법인세회계는 재무회계 과정을 거쳐 만들어진 재무제표를 기초로 법인세법에서 정한 과세소득을 계산하는 회계의 한 분야입니다.

법인세회계는 모든 면에서 재무회계와 다릅니다. 무엇보다 이용자가 다릅니다. 재무회계는 주주, 채권자, 투자자에게 재무정보를 제공하기 위한 회계인데 반해 법인세회계는 과세소득 계산을 위한 회계입니다. 또한 재무회계는 회계기준을 근거로 이루어집니다. 그러나 법인세회계는 법률인 '법인세법'이 그 기준입니다.

〈표〉 재무회계와 법인세회계 비교

구분	재무회계	법인세회계
회계정보 제공 대상	주주, 채권자, 투자자	정부
성과 기준	당기순이익	각 사업연도 소득금액
준거 기준	회계기준	법인세법

용어의 비교

법인세회계에서는 수익을 '익금', 비용을 '손금', 당기순이익을 '각

사업연도 소득금액', 당기순손실을 '각 사업연도 결손금', 매출액을 '수입금액', 회계연도를 '사업연도', 이자 비용을 '지급이자'라고 하는 등 많은 경우에 동일한 대상을 다른 용어로 부릅니다.

〈표〉 재무회계와 법인세회계의 용어 비교

재무회계	법인세회계
당기순이익	각 사업연도 소득금액
당기순손실	각 사업연도 결손금
수익(매출액, 영업이익, 영업외수익)	익금
비용(매출원가, 판매비와 관리비, 영업외비용)	손금
매출액	수입금액
회계연도	사업연도
이자비용	지급이자

권리의무확정주의

법인세법은 발생주의가 아닌 '권리의무확정주의'를 기본 원칙으로 합니다. 권리의무확정주의란 현금의 수입 또는 현금의 지출이 확정될 때에 수익 또는 비용을 회계처리하는 원칙입니다. 세수확보라는 법인세법의 제정 취지에 맞게 발생주의 회계처리를 제한하는 방식입니다. 현금주의라고 보아도 됩니다. 예를 들어 회계기준에 따라 유가증권의 평가손실을 비용으로 회계처리한 경우에 법인세법은 이 유가증권평가손실을 비용으로 인정하지 않습니다. 손실이 확정되지 않았기 때문입니다.

회계기준 존중 원칙

법인세법은 권리의무확정주의를 채택하면서도 회계기준에 따른 회계처리 또한 대부분 인정합니다. 다만 유가증권 평가손실, 손상차손 등 발생주의에 따른 몇몇 회계처리를 인정하지 않습니다. 그리고 대손충당금, 퇴직급여충당부채, 접대비 등은 일정 금액 한도까지만 비용으로 인정합니다. 예를 들어 대손충당금은 채권 금액의 1%만 인정합니다. 회사에서 1,000원의 채권 잔액에 100원의 대손충당금을 회계처리하였다면 법인세법은 채권 잔액의 1%에 해당하는 10원만 대손충당금으로 인정하고 초과한 90원은 인정하지 않습니다.

각 사업연도 소득금액

각 사업연도 소득금액은 1개 사업연도의 소득금액이라는 뜻입니다. 연간 단위로 과세하는 법인세의 기초가 되는 소득입니다. 각 사업연도 소득금액은 수익이 법인세법의 익금에 해당하는지, 비용이 법인세법의 손금에 해당하는지를 판단하고 수익과 비용을 인정하거나 불인정하는 방법으로 계산합니다.

세무조정

수익, 비용이 법인세법에서 정한 익금, 손금에 해당하는지 판단하고 조정하는 절차를 '세무조정'이라고 합니다. 세무조정에는 익금산입, 익금불산입, 손금산입, 손금불산입, 네 가지 유형이 있습니다.

'익금산입'은 회계기준에서 수익이 아니지만 법인세법은 이를 수익으로 보는 경우에 하는 세무조정입니다. '익금불산입'은 회계기준에서는 수익이지만 법인세법은 이를 수익으로 보지 않는 경우에 하는 세무조정입니다.

〈표〉 익금산입, 익금불산입의 세무조정

재무회계	법인세법	세무조정	의미
수익	수익	없음	-
	수익 아님	익금불산입	재무제표에 있는 수익을 익금에서 제외함
수익 아님	수익	익금산입	재무제표에 없는 수익을 익금에 포함함
	수익 아님	없음	-

'손금산입'은 회계기준에서는 비용으로 회계처리하지 않았으나 법인세법은 이를 비용으로 보는 경우에 하는 세무조정입니다.

'손금불산입'은 회계기준에서 비용으로 회계처리하였으나 법인세법은 이를 비용으로 보지 않는 경우에 하는 세무조정입니다. 세무조정의 대부분은 손금불산입 사항입니다.

〈핵심 정리〉 손금산입, 손금불산입의 세무조정

재무회계	법인세법	세무조정	의미
비용	비용	없음	-
	비용 아님	손금불산입	재무제표에 있는 비용을 손금에서 제외함
비용 아님	비용	손금산입	재무제표에 없는 비용을 손금에 포함함
	비용 아님	없음	-

소득처분

소득을 판다? 이런 뜻이 아닙니다. '소득처분'은 '익금산입', '익금불산입', '손금산입', '손금불산입'으로 세무조정한 금액을 누가 가져갔는지를 정하는 절차입니다.

예를 들어 회사가 상여금을 직원에게 지급하고 비용으로 회계처리하였습니다. 그런데 이 돈은 법인세법에 따른 비용이 아닙니다. 따라서 이 비용을 '손금불산입'합니다. 그리고 이 돈을 추적합니다. 직원이 이 돈을 가져간 것을 확인하고 '손금불산입'한 돈의 성격을 '상여금'이라고 결정합니다. 이 돈을 가져간 직원은 상여금을 받아간 것이기에 소득세를 내야 합니다. 이처럼 세무조정된 돈의 주인을 정하는 절차를 소득처분이라 합니다. 소득처분에는 '상여' 이외에 '배당', '유보' 등이 있습니다.

〈표〉 소득처분의 의미

구분	의미
유보	귀속자가 당해 법인이고 당해 법인의 자산이나 부채에 변동을 가져오는 경우에 행하는 소득처분
상여	귀속자가 회사의 임직원인 경우에 행하는 소득처분
배당	귀속자가 주주인 경우에 행하는 소득처분
기타 사외유출	귀속자가 다른 법인 · 개인사업자인 경우에 행하는 소득처분
기타	이것도 저것도 아닌 경우에 행하는 소득처분

에필로그

공인회계사 준비를 시작하고 1년쯤 지났을 무렵, 어느 후배가 제게 물었습니다. "형, 공부 할 만해요?" 대학에서 경영학을 전공하지 않은 저를 걱정하는 물음이었습니다. "응, 뭐 그럭저럭. 근데 회계가 재미있네."

회계는 어렵긴 했지만 다행히 재미가 있었습니다. 운 좋게 공인회계사 시험에 합격하였고, 시간은 흘러갔습니다. 그러던 어느 날 문득 어렵게만 느껴지는 회계를 여름날 늘어져 잠든 강아지마냥 누워서 읽어도 쉽게 이해할 수 있는 책이 있으면 좋겠다는 소망이 생겨나기 시작했습니다. 어떻게 하면 회계에 재미있게 접근할 수 있을까 고민하면서 이런저런 방법을 생각하다 보니 어느새 20년이 흘렀습니다.

그렇게 긴 시간 소망했던 일이 첫 번째 결실을 맺은 것이 바로 『어카운팅, 내 안의 회계 본능을 깨워라』입니다. 정말로 누워서 읽어도 이해할 수 있는 회계 책이라고 자부합니다. 뿌듯하고도 영광스러운 이 작업이 실현될 수 있도록 도와준 모든 분에게 깊이 감사드립니다.

특히 언제나 저의 편이 되어준 아내와 딸, 그리고 아낌없는 지원을 해주신 아모르문디 김삼수 대표에게 감사의 말씀을 올립니다.

2022년 11월
용인 청명산 자락에서
공인회계사 김철수 배상

참고문헌

《IFRS 중급회계》, 신현걸 · 최창규 · 김현식 지음, 탐진, 2009.
《ROE 분석》, 고미야 가즈요시 지음, 오연정 옮김, 이콘, 2021.
《경리·회계 담당자가 알아야 꼭 알아야 할 IFRS 123가지》, 권오형 · 이종민 지음, 원앤원북스, 2011.
《내 생애 첫 회계공부》, 유양훈 지음, 원앤원북스, 2020.
《늘 숫자에서 막히는 직장인을 위한 실전 회계상식》, 채수윤 지음, 아틀라스북스, 2022.
《돈의 흐름이 보이는 회계 이야기》, 구상수 지음, 길벗, 2019.
《박 회계사의 완벽한 재무제표 활용법》, 박동흠 지음, 더퀘스트, 2019.
《부의 지도를 바꾼 회계의 세계사》, 다나카 야스히로 지음, 황선종 옮김, 위즈덤하우스, 2019.
《분식회계 그 피해자들은 누구인가?》, 김영태 지음, 좋은땅, 2016.
《비영리법인 회계와 세무 실무》, 김기열 등 지음, 삼일인포마인, 2008.
《세상에서 가장 쉬운 회계학》, 구보 유키야 지음, 안혜은 옮김, 이다미디어, 2015.
《세상에서 제일 쉬운 회계 책》, 구보 유키야 지음, 김영진 옮김, 성안당, 2016.
《숫자로 경영하라》, 최종학 지음, 원앤원북스, 2011.
《숫자로 경영하라 2》, 최종학 지음, 원앤원북스, 2014.
《숫자로 경영하라 3》, 최종학 지음, 원앤원북스, 2014.
《숫자로 경영하라 4》, 최종학 지음, 원앤원북스, 2018.
《숫자로 경영하라 5》, 최종학 지음, 원앤원북스, 2022.
《숫자 울렁증 32세 이승환 씨는 어떻게 재무제표 읽어주는 남자가 됐을까》, 이승환 지음, 흐름, 2018.

《워렌버핏의 재무제표 활용법》, 메리 버핏 · 데이비드 클라크 지음, 김상우 옮김, 부크홀릭, 2011.
《이것이 실전 회계다》, 김수헌 · 이재홍 지음, 어바웃어북, 2016.
《이나모리 가즈오의 회계 경영》, 이나모리 가즈오 지음, 김욱송 옮김, 다산북스, 2022.
《읽으면 읽을수록 빠져드는 회계책》, 권재희 지음, 길벗, 2018.
《읽으면 진짜 재무제표 보이는 책》, 유흥관 지음, 위즈덤하우스, 2017.
《지금 당장 회계공부 시작하라》, 강대준 · 신홍철 지음, 한빛비즈, 2021.
《지금 바로 회계에 눈을 떠라》, 야스모토 다카하루 지음, 오시연 옮김, 한스미디어, 2018.
《지금은 회계할 때》, 김지영 · 서성우 · 최유진 지음, 헤르몬하우스, 2022.
《직장인이여 회계하라》, 윤정용 지음, Denstory, 2016.
《하루 만에 대박주식 찾는 워렌버핏의 재무제표 파헤치기》, 전인구 지음, 한국경제신문, 2018.
《하마터면 회계를 모르고 일할 뻔했다!》, 김수헌 · 이재홍 지음, 어바웃어북, 2018.
《회계 속임수》, 하워드 슐릿 · 제러미 필러 · 요니 엥겔하트 지음, 이은주 옮김, 리딩리더, 2018.
《회계! 내가 좀 알려줘?》, 위성백 지음, 삼일인포마인, 2021.
《회계는 어떻게 경제를 바꾸는가》, 조권 지음, 흐름, 2017.
《회계는 어떻게 역사를 지배해왔는가》, 제이컵 솔 지음, 정해영 옮김, 메멘토, 2016.
《회계지식, 이보다 쉬울 수 없다》, 유양훈 지음, 원앤원북스, 2012.